Índice

Para Clara García Blanch, que vive la ESO.

EL ANTICLUB

La primera persona extraña que supo que existíamos fue la profesora de ciencias de tercero de ESO.

Rafa dice que conviene matizar, y tiene razón. En realidad, de nuestra existencia todo el mundo se había dado cuenta, claro, desde hacía catorce años para ser exactos. Nuestras madres, por ejemplo, que fueron las que nos parieron en las clínicas respectivas, y nuestros padres, que les mostraron su apoyo en el difícil momento: cogían las manos de sus mujeres mientras ellas hacían fuerza para expulsarnos del útero. Glòria dice que su padre no presenció el maravilloso momento de su alumbramiento; dice que esperaba en una sala aparte contemplando el espectáculo a través de un monitor de vídeo que retransmitía las imágenes en directo. También fueron conscientes de nuestra llegada al mundo de los vivos nuestros abuelos, y los vecinos, y los amigos de nuestros padres, e incluso algún pariente lejano a quien todavía no conocemos.

Llorábamos, teníamos hambre, mamábamos del pecho de nuestra madre, nos hacíamos caca en los pañales: estábamos vivos. Certificado.

Celebrábamos fiestas de cumpleaños, visitábamos las ferias, subíamos a las atracciones, nos bañábamos en las playas. Vivos. Correcto.

Aprendimos a gatear, y después a andar. Aprendimos a pedir que nos acompañaran al lavabo cuando teníamos pipí, y de esta manera conseguimos no mearnos en la cama. Nos llevaron a las guarderías, más tarde a la escuela. Existíamos.

Sara opina que sería mejor hablar de nuestra existencia en común, o sea, compartida. Con eso quiere decir que llegó el día en que cada uno de nosotros fue consciente de la existencia de los demás. Tiene razón, deberíamos empezar por allí. Si no nos equivocamos, este momento glorioso ocurrió en septiembre de 1996. Empezaba el *cole*, y nuestros padres nos habían comprado los libros del último curso de primaria.

SEXTO

Jordi, Mireia y yo íbamos a la misma escuela desde niños. No se puede decir que fuéramos grandes amigos, pero nos conocíamos desde hacía un montón de años. Nuestra escuela era privada concertada, pequeña, de las que tenían una única aula por curso. En verano, cuando hablaba con mi vecino de Sant Salvador, me sorprendía que al referirse a su clase usara siempre una letra después del curso. Me contaba que los de quinto A habían ido de excursión, que los mejores en fútbol eran los de sexto C, y que prefería a la tutora de séptimo B antes que a la de séptimo D, que era la que le tocaba el curso siguiente. Este vecino se llamaba Jose, era un año mayor que yo y sólo nos relacionábamos los veranos en la playa, a pesar de que en invierno vivía en Barcelona, como yo, en el mismo barrio.

Con toda seguridad, a Jose no le tocó la tutora de séptimo D, ya que el llamado séptimo desapareció (también en nuestra escuela) y pasó a llamarse primero de ESO. En cualquier caso, se habría encontrado con la tutora de primero de ESO D, pero tampoco ocurrió de ese modo. El pobre Jose enfermó; su madre se lo contó a la mía una mañana que coincidieron en el mercado. Jose no pudo ni empezar el curso. Mi madre me contó que su enfermedad era grave y que debería pasarse más de tres meses en cama. En realidad pasó muchos más, pobre Jose. Pero eso es otra historia, me advierte Sònia, y estoy aquí intentando escribir la nuestra y no la del pobre chaval.

Nosotros fuimos el sexto, el único y último sexto posible, desde el primer día que entramos en clase aquel septiembre y la tutora nos presentó a los nuevos compañeros. Había un montón: fue el año en que hubo más incorporaciones de alumnos en el centro. Muchos de ellos venían de un colegio privado que había cerrado, y los padres de los nuevos compañeros tuvieron que apresurarse para encontrar plaza para sus hijos en las escuelas del barrio.

Ninguno de nosotros tres, los veteranos, recordamos especialmente aquel primer día, pero los recién llegados lo tienen perfectamente grabado en la memoria.

Los nuevos ocupamos (estoy escribiendo lo que recuerda Sara) los pupitres de la primera fila, sin atrevernos a mirar a los niños y niñas que ocupaban los de las filas posteriores. Atendimos a las explicaciones de la tutora, que para nosotros era sólo la señorita Pili, y todavía no "La Mocho", como la llamaban los alumnos de siempre. La Mocho era joven, vestía de forma muy clásica, tal vez el mismo tipo de ropa que se pondrían nuestras madres para ir a dar clases a una escuela, y el único aspecto destacado de su físico era la mata de pelo rebelde y espectacular que le cubría el cráneo. La pobre mujer había tenido que soportar todo tipo de comentarios, y había ensayado, sin éxito, distintos métodos para domar aquella mata de pelo encrespado y erizado como una lechuga. Era una mujer simpática, dulce y cargada de paciencia, pero aun así la llamaban la Mocho. Estaba tan instaurado su apodo que incluso la madre de David Pujades la trató de "señorita Mocho" durante las entrevistas que mantuvieron desde sexto de primaria hasta tercero de ESO. David se fue de la escuela antes de acabar tercero. Mireia opina que eso ya lo explicaremos cuando corresponda: aunque su desaparición estuvo motivada por una intervención nuestra, eso se comentará cuando sea el momento.

Entre los recién llegados estaba Glòria. Hablo primero de ella porque fue la adquisición más espectacular. Y sólo al cabo de varias semanas nos dimos cuenta de esa "espectacularidad" (lo cual hizo que su espectacularidad fuera todavía más espectacular). Glòria no tiene mano. En lugar de la mano derecha tiene un muñón. Sin embargo, escribe perfectamente con la izquierda, y gracias a los jerséis de manga larga que usa disimula muy bien su condición de manca, tanto que los primeros días ninguno de nosotros se dio cuenta. Glòria no venía de la escuela que había cerrado sino de fuera de Barcelona. Sus padres se habían trasladado por motivos laborales y habían alquilado un piso en el barrio. Glòria no jugaba con nadie a la hora del recreo; tampoco participaba en las clases de educación física ni se unía a los demás en los corros. Mireia fue la primera que descubrió su secreto: se hicieron amigas, hablaron un poco, se preguntaron cuatro pequeñeces, y enseguida Glòria se lo anunció.

—Voy a explicarte un secreto. Tengo algo que tú no tienes. Bueno, en realidad tú tienes algo que a mí me falta.

—¿De qué se trata?

—¡Adivínalo!

Mireia lo intentó como pudo: novio, dinero guardado en una caja fuerte, revistas de sexo, cigarrillos...

—No, no, nada de eso...

—Una *game-boy*, juegos de ordenador, un diario cerrado con llave.

—¡No!

Entonces le mostró el muñón. Me imagino la cara que puso Mireia al verlo. Nos lo explicó a todos enseguida, a pesar de que le había jurado a Glòria que no se lo diría a nadie. Aquella tarde, en clase de mates, toda el aula estuvo al acecho de los movimientos de la manga de Glòria, y nadie copiaba los problemas de la pizarra. Mireia controlaba a todo el mundo desde su posición privilegiada: era la única que había visto aquella cosa y además se sentaba al lado de Glòria. De vez en cuando se volvía hacia nosotros y nos hacía una señal con la cabeza para que no perdiéramos la ocasión de vislumbrar, bajo la manga, aquel fascinante muñón.

Marc tenía un ACI[1] (no supimos que era aquello del ACI hasta unos años después). Lo habíamos oído comentar a la hora del recreo, cuando los del grupo nos negábamos a participar en los juegos de los otros niños

[1] ACI: adaptación curricular individual, para alumnos que no consiguen llegar a los mínimos establecidos a causa de algún problema.

y nos sentábamos todos juntos en el banco de piedra del patio. Por allí andaban siempre un par de profesoras de vigilancia que chismorreaban sin parar sobre los niños y niñas de la escuela, y cuando hablaban de Marc siempre nombraban el misterioso ACI. Ni él mismo sabía lo que era.

Mis padres, cuando le conocieron en mi fiesta de cumpleaños, comentaron que les había parecido un poco retrasadito. Utilizaron exactamente este adjetivo: *retrasadito.* Marc iba siempre a su aire y no se metía con nadie; a menudo dejaba de hablar, cerraba la boca y de ella no salía ni una palabra. A veces lo tenías al lado, y de repente desaparecía. Al principio fue un problema en la clase de sexto, porque mientras el profesor o profesora estaba explicando un problema y los demás tratábamos de entenderlo, Marc se levantaba y se iba de la clase sin decir nada. Algunos intentaban detenerle y le preguntaban adónde iba, o si le parecía normal largarse antes de la hora de salir. Pero Marc no se inmutaba: seguía hasta la puerta del aula, la abría, salía, y adiós. Según parecía, el ACI le excusaba de su comportamiento y permitía que las chicas de secretaría o el profesor de educación visual y plástica lo admitieran en sus respectivas dependencias, ya que ésos eran los lugares a los que solía acudir cuando se escapaba de la clase. Y aunque al principio esa manera de actuar desorientaba a los compañeros, pronto sus excentricidades pasaron inadvertidas. Sara me pide que aclare que si utilizo una palabra tan compleja como ésa, *excentricidades,* es porque la usaban siempre las profesoras encargadas de la vigilancia del patio cuando se referían al ACI de Marc.

De mí se decía que era un tipo raro. En casa también lo decían, la verdad sea dicha. No me gustaban las cosas que hacían los otros chavales, sólo era eso. Si todo el mundo jugaba al fútbol, yo me prometía a mí mismo no chutar una pelota en mi vida; si los compañeros pedían un ordenador para Reyes, yo me enfadaba con mi padre cada vez que me proponía comprar uno. No me gustaba ver la tele, me daban asco los cómics manga y las videoconsolas, me molestaba llevar uniforme, ir de colonias o salir los domingos, y aborrecía las películas de efectos especiales.

Tengo un hermano, Ricard, y mi madre opinaba que yo todo eso lo hacía para llevarle la contraria. Ricard era un chico como los demás, que hacía deporte y veía la tele y jugaba en el ordenador. A mí me importaban un bledo la vida de mi hermano y sus aficiones. Jamás me interesaba por las cosas que le regalaban, ni si aquello que recibía era mejor o peor que lo que recibía yo. Normalmente no nos hablábamos, y yo no sabía si sacaba buenas notas o si suspendía las asignaturas de su curso, dos por detrás del mío. Y la misma falta de interés que sentía por mi hermano la sentía por los chicos de mi clase, al menos hasta que poco a poco formamos el grupo.

Sara y Rafa venían de la escuela que cerró. Los dos eran muy feos, especialmente él, que según mi madre era más feo que el demonio. Sara no habría parecido tan contrahecha si no hubiera pesado lo que pesaba, que era mucho, y se veía descompensada por su pequeña estatura. Todo aquel ancho, acompañado de una altura proporcional, habría pasado inadvertido. Pero Sara era un tapón: era, es y será, ya que tiene problemas de crecimiento y jamás se desarrollará como una persona normal. A menudo los chicos de la escuela se mostraban crueles con ella. Le preguntaban, por ejemplo, cuánto medía de radio. Ella no se inmutaba, en eso se parecía a Marc; argumentaba que estaba satisfecha de sí misma y hacía oídos sordos cuando la llamaban "Canica", "Minipimer" o "Galinda" en honor a un personaje de la tele. Rafa recibía los apodos de "Gremlin", "Quasimodo" y "Conejo". Cuanto mayor se hacía, más feo era, como si su estatura aumentara al mismo tiempo que su fealdad. Crecía, sí, pero sin orden ni concierto: una parte subía y otra bajaba, por ahí se estiraba y por allá encogía. También le aumentaba la miopía, que le obligaba a llevar unas gruesas gafas de culo de vaso, y con la preadolescencia le apareció una granizada salvaje en la cara que daba escalofríos (las profesoras de vigilancia del patio le llamaban "Mocanor, café molido grano a grano").

Sònia era un año mayor que nosotros y estaba cursando primero de ESO cuando la conocimos. Venía de la otra escuela y era una chica atrevida, demasiado atrevida, decían muchos. Era guapa, pero no encajaba exactamente con el concepto de guapa que tiene la mayoría de la gente. Aquel primer año, antes de Navidad ya había estado coqueteando con todos los chavales de su clase. Cuando digo coquetear, me refiero a besarse con ellos fuera del *cole,* y besos completos, en la boca y con la lengua.

Enseguida se hartó de jugar con los de su curso y, supongo que por una ley de compensación de contrarios, su esbelta figura se encaró una tarde con Sara, la bolita de grasa de nuestra clase.

—¡Eh, tú! —la increpó—. ¿Te han dicho alguna vez que eres más fea que un sapo?

Sara simuló que no la oía, pero la otra insistió.

—¡Eh, mierdecita con patas! ¿Eres sorda, además? Lo tienes todo, niña...

Sònia todavía no conocía a Sara...

—¿Me estás hablando a mí? —le preguntó mientras se daba la vuelta.

—Sí, a ti, botija.

—¿Crees que me molesta que me insultes? ¿Te has mirado alguna vez en el espejo?

—¿Y tú? ¿Has conseguido alguna vez ponerte de puntillas para verte en el espejo del lavabo?

—Cada vez que lo he intentado, estabas tú dentro, con la lengua metida en la boca de alguien...

—Qué graciosa...

—Quiero que sepas que ninguno de mis amigos pagaría una sola peseta para participar en un espectáculo tan asqueroso...

—¿Tus amigos? ¿Tú tienes amigos? ¿Te refieres a las pelotas de básquet?

—Ven mañana a las once al banco de piedra del patio. Si quieres, te los presentaré.

Y el caso es que a la mañana siguiente Sònia apareció por ahí. Nunca le hemos preguntado por qué lo hizo, ni por qué se quedó con nosotros desde entonces. Eso ocurrió en el mes de marzo, y aparte de Jordi, que se incorporó más tarde, el núcleo central del grupo ya estaba formado. Aquella mañana, Sònia se quedó de piedra cuando Sara se acercó a ella y nos señaló a todos los que estábamos en el banco. Ése debió de ser, más o menos, el panorama que contempló boquiabierta: Rafa, que comía un bocadillo de *chopped* y exhibía restos de tomate alrededor de la boca; Glòria, que se apresuró a mostrarle su tesoro; Marc, que la miraba con su expresión de alucinado; Mireia, de quien todavía no he hablado, y yo, que había ido la tarde anterior a la peluquería y me habían dejado trasquilado como un cordero.

Sara estaba orgullosa de nosotros y nos contemplaba complacida.

—Aquí los tienes. ¡Éstos son mis amigos!

Aquel día, Sònia se fue sin decirnos nada. Nos miró uno a uno, esperó unos segundos y se largó. Durante los días siguientes, la pillamos espiándonos de lejos: se quedaba de pie al lado de la puerta del *cole* y nos miraba. Una mañana fue a sentarse, nos preguntó cómo nos llamábamos, y se quedó. Las profesoras de vigilancia le preguntaron qué estaba haciendo allí con nosotros, por qué no se iba a jugar con los de su clase.

—Es nuestra amiga —les dijo Sara, siempre tan orgullosa de sus amistades—, y estamos hablando.

Una de las profesoras hizo el siguiente comentario:

—¡Éramos pocos y parió la abuela!

PRIMERO DE ESO

Mireia se llamaba en realidad Suyika, o Sukiya, ni ella misma lo sabía con exactitud. Sus padres la habían adoptado cuando tenía cinco años y todavía recordaba algún episodio de su vida anterior a la adopción. Tenía la piel morena, como una mulata, o una musulmana. Sus padres verdaderos eran africanos, y suponemos que debían de ser pobres y desgraciados y no podían mantenerla. Sus padres adoptivos, en cambio, son gente rica, y por eso Mireia siempre vestía con ropa cara y tenía un montón de juguetes. Era feúcha, sobre todo por culpa de los dientes, que eran enormes, crecían a la buena de Dios y la obligaban a llevar unos aparatosos sistemas de corrección, unos de día y otros de noche. Había chavales que la llamaban "Cara jaula", por los hierros. Estaba harta de ir al dentista tan a menudo, pero sabía que sus padres tenían razón cuando le decían que si no se arreglaba la dentadura, de mayor parecería un caballo sin encías.

Mireia iba a nuestra clase desde hacía años, pero no nos hicimos amigos hasta finales de sexto. Ella fue la primera amiga de Glòria, y con ella acudió a sentarse al banco de las reuniones en el patio. Marc tenía la mala costumbre de tocarla para ver si manchaba.

—No estoy pintada, Marc, te lo he dicho mil veces. Mi color de piel no mancha.

A principios de primero de ESO, los padres de Mireia organizaron una fiesta de cumpleaños para su hija. Ella no invitó a todos los de la clase, como había hecho hasta entonces, sino que dio una tarjeta de invitación de Disney sólo a los más amigos. Fue la primera vez que nos reuníamos todos fuera de la escuela.

Después de merendar y de comer el pastel, mientras su madre preparaba unos juegos en la terraza de aquel ático maravilloso, Sara propuso fundar un club.

—Siempre andamos juntos, y eso significa que nos llevamos bien. Y me da la impresión de que los otros chicos nos tienen un poco de manía. Por eso he pensado que podríamos formar un club. Se lo he explicado a mi padre, y me ha dicho que él nos podría hacer unos carnets en el ordenador y después plastificarlos.

—Pero ¿un club de qué? —preguntó Sònia.

A Sònia le costaba un poco amoldarse al grupo. Se la veía más despierta que los demás, no tan lista como Sara, pero sí más despabilada. Ella no se reunía siempre con nosotros, ya que mantenía la amistad con los de su clase de segundo. Ya no besaba con tanta facilidad como el año anterior, pero quedaba con chicos los fines de semana y se iban a fumar y alguna vez a las dis-

cotecas de tarde. Todos sabíamos que la gente se preguntaba qué hacía una chica tan lanzada como Sònia con unos chavales tan raritos como nosotros, y más de una vez ella misma había simulado que no nos conocía cuando la encontrábamos por la calle fumando con sus amigos de segundo.

—Deberíamos inventarnos un nombre —propuso Sara.

—Pero ¿un club de qué? —la interrumpió Sònia—. No has respondido a mi pregunta. La gente se reúne y forma un club por algún motivo, porque tienen algo en común, o porque les gusta alguna cosa.

A los demás nos había parecido fantástica la idea del club, aun sin saber el motivo de su fundación.

—No podemos hacer un club de primero de ESO porque yo estoy en segundo, ni un club de fans del Barça porque no a todos nos gusta el fútbol...

—¡A mí no me gusta nada! —protestó Marc.

—¡Y a mí tampoco! —dije yo.

—Por eso lo digo. No podemos hacer un club de amigos porque en realidad no somos tan amigos...

Parecía que la idea de Sara iba perdiendo fuerza, y nos quedamos en silencio. Tal vez Sònia tenía razón.

—A ver —insistió Sara, encaprichada en formar un club de todas maneras—, pensemos en cosas que nos gusten a todos. Tal vez encontraremos alguna que...

—No me parece buena idea.

Sònia estaba negativa. Todo le parecía mal.

Elaboramos una lista de cosas que nos podían unir. A unos cuantos nos gustaban las Spice Girls, pero otros las odiaban. ¿Fumar? Tampoco. Del grupo sólo lo había probado Sònia. ¿Estudiar? Marc era un ACI, y la mayoría de nosotros sacábamos malas notas. ¿El cine? Unos sí, y otros no. ¿La tele? Vaya tontería... ¿Leer?

—¿Hacer qué? —preguntó Marc.

¿La poesía? ¿Las excursiones? ¿Los juegos de ordenador? ¿Los discos compactos? ¿La Navidad? ¿Las fiestas? ¿A quién no le gustan las fiestas? Pero Sònia dijo que era estúpido fundar un club de amantes de las fiestas.

—¡Seríamos quinientos millones de socios!

Rafa tuvo una buena idea.

—¿Y si probáramos con cosas que no nos gustan nada? Seguro que encontraríamos alguna que no le gusta a ninguno.

La reunión se animó. Había cantidad de cosas que no soportábamos: los castigos, las copias, el hígado, las lentejas, la morcilla, ir al cole... También coincidíamos en temas abstractos, como los que discutíamos en clase de ética: la violencia gratuita, la pobreza, la insolidaridad, la pena de muerte.

—Nos estamos liando —les advertí— Pasa lo mismo que con las fiestas. Son cosas que no gustan a nadie. Tenemos que buscar algo más concreto.

La madre de Mireia entró en la habitación para anunciar que los juegos estaban preparados. Antes de salir corriendo hacia la terraza, quedamos en que elaboraríamos una lista de cosas concretas que odiábamos profundamente.

La primera reunión del recién creado club ANTI o ANTICLUB, que fue como lo llamamos enseguida, se celebró en casa de Sara un viernes por la tarde. Para empezar, dejamos tres cosas bien claras:

1. Que la existencia del club sería secreta y que sólo admitiría nuevas incorporaciones si todos los miembros estábamos de acuerdo.
2. Que nuestra misión sería luchar contra todo lo que rechazábamos, es decir, que no nos conformaríamos con protestar, sino que pasaríamos a la acción para combatirlo.
3. Que ningún miembro del grupo delataría al resto por terrible que fuera la tortura a la que podían someternos el día que nos pillaran.

Redactamos un primer proyecto de acciones ANTI, un conjunto de cosas que no nos gustaban nada y contra las cuales estábamos dispuestos a luchar. Cada tres meses nos reuniríamos para evaluar los resultados de nuestras acciones y decidir si las manteníamos activadas o iniciábamos "Antiproyectos" nuevos.

Los integrantes del anticlub firmamos el escrito. Sara había picado el texto en el ordenador y a continuación diseñamos un carnet. Se precisaba una foto reciente de cada miembro y una aportación monetaria de trescientas pesetas por cabeza por si se tenía que comprar material o pagar a un confidente.

—Así lo hace la policía.

La primera misión nos fue encomendada a Sara y a

mí. El club había decidido luchar contra el tacaño de Lluís Domínguez (la única que no lo había incluido en su lista de cosas odiadas fue Sònia, porque no estaba en nuestra clase). Lluís Domínguez se aprovechaba de la generosidad de los demás: nunca llevaba los materiales que exigían los profesores, jamás colaboraba en los trabajos en grupo y andaba gorroneando sin parar. Los días excepcionales en que, por lo que fuera, llevaba lo que se le pedía, no dejaba nada a nadie.

—¡Pero si yo te he dejado muchas láminas de dibujo! —se quejaban los compañeros generosos.

—Tonto de ti por dejármelas —contestaba el sinvergüenza.

Su mezquindad llegaba a límites intolerables. Sara le había pillado ya no pidiendo, sino robando aquello que necesitaba cuando la persona en cuestión se encontraba en el comedor o en el patio.

—¡Es más que un tacaño, es un ladrón! Se lo hemos explicado a la tutora, pero no ha hecho nada para remediarlo. ¡El anticlub debería actuar inmediatamente!

El martes siguiente, durante el crédito variable de pintura, Lluís Domínguez no consiguió que ni Sara ni yo le dejáramos una lámina de acuarela. Tampoco lo hicieron Marc ni Rafa, que hacían el crédito con nosotros. Pero el canalla abusó de la tonta de Irene Casalots, que le dejó una. Irene, cómo no, también le dejó las pinturas. Al terminar la clase, mientras lavábamos los pinceles, Sara habló seriamente con Irene.

Al día siguiente Lluís no consiguió que nadie le dejara material y el profesor se enfadó tanto que lo echó del aula. El viernes se repitió la historia y el profesor habló con la tutora, que amenazó a Lluís con expulsarle del crédito si el martes siguiente no llevaba el material.

Aquel martes, Lluís apareció con un bloc de diez hojas de acuarela, dos pinceles y una caja de pinturas. El profesor, muy a su pesar, le permitió entrar. Sara y yo nos acercamos a Lluís y le pedimos una hoja y un poco de amarillo, que se nos había terminado.

—No os voy a prestar nada.

Y a continuación llamó al profesor y nos acusó de no llevar material.

Al final de la clase, cuando todos habíamos dejado la bolsa del material en el armario, Sara cogió la de Lluís antes de que el profesor cerrara con llave, y se la puso debajo del jersey.

El miércoles, Lluís no encontró la bolsa. Juraba que la había dejado en el armario y que había desaparecido.

—¡Alguien me la ha robado! —chillaba.

Mientras el profesor trataba de calmarle, Sara dejó la bolsa de Lluís en el armario, en un estante que no pertenecía al grupo de primero de ESO.

—¿Dónde la dejaste? ¡Un día vas a perder la cabeza! Cuando por fin habíamos logrado que trajeras lo que debías...

El profesor le ayudó a buscar de nuevo, y él mismo encontró la bolsa en el estante donde no debía estar.

—¿Lo ves? ¡Eres un desastre! ¡Eso te pasa por no escuchar cuando se te dicen las cosas! Fíjate en el escándalo que has armado por culpa de tu falta de atención. No sé que vamos a hacer contigo, chaval...

Terminada la clase, fuimos al taller de tecnología. Como era de esperar, Lluís no había llevado la chapa de madera que la profesora había pedido. Yo mismo fui testigo de otra de sus fechorías: abrió el cajón del material de los de segundo de ESO y robó un trozo de madera que no le pertenecía. A la hora del recreo lo comuniqué a los miembros del club.

El viernes, en el crédito de pintura, a Laura Molla le habían desaparecido las pinturas. No estaban en el armario ni se las había dejado en la clase. Laura se sentaba a mi lado y yo mismo se las presté. Sara aprovechó el momento en que el profesor estaba a su lado corrigiéndole el trabajo para decirle que le había parecido ver las pinturas de Laura dentro de la bolsa de Lluís Domínguez. El profesor se acercó a él y preguntó en voz alta a quién pertenecía aquella bolsa.

—Es la mía —dijo Lluís.

Como un mago, el profesor introdujo la mano en la bolsa y sacó el estuche de acuarelas de Laura. Lluís miraba al *profe* boquiabierto mientras Sara me hacía un guiño. Justo en ese momento entró la profesora de tecnología preguntando si alguno de nosotros había cogido la chapa de madera de Santi Arenas, de segundo.

LA REINA DE LA BELLEZA

El anticlub había superado su primera misión y se disponía a iniciar la segunda. No nos gustaba el modo en que Aida Llorente trataba a las otras chicas de la escuela. Prácticamente todas habían experimentado el desprecio que mostraba Aida cuando se cruzaba con ellas.

Era una niña de segundo, de la clase de Sònia, que se creía muy guapa, la más guapa del mundo. Era presumida, arrogante y creída. Las fundadoras del anticlub siempre eran blanco de sus críticas e impertinencias. Sara era una "pequeña bola grasienta", una "botija", un "monstruo de Liliput", una "vaca enana" o una "palangana con gafas". Glòria era "la manca", la "mamá no sé qué me falta", la "mujer completa" y un montón de injurias más. Para Aida, Mireia era un mono, y cuando se la encontraba le recomendaba subirse de nuevo a la rama. A todo el mundo le encontraba defectos. Cuando escogía a los integrantes de un grupo para hacer un trabajo (esto nos lo contaba Sònia), siempre elegía a las niñas más monas y a los chicos más guapos. Con los compañeros de sexo masculino no se mostraba tan abiertamente discriminatoria, aunque había excepciones como Rafa y Marc de primero, o Lucas y Jesús Figueres de segundo.

Con Sònia hacía un doble papel. Aida admiraba su desparpajo, la manera en que se enfrentaba a los profes o dominaba a los chicos de la clase (Aida no tenía el punto de niña contestataria y de clase trabajadora que caracterizaba a su compañera de curso y socia del anticlub), pero era capaz de hablar mal de ella cuando le interesaba. Por eso fue la propia Sònia, en solitario, quien encaró la difícil misión de echar abajo a Aida de su pedestal de *miss*.

"Aida Llorente". Todos habíamos escrito su nombre en el primer proyecto de cosas que no nos gustaban. Bueno, todos menos Marc, que no sabía ni quién era Aida.

—Es una creída, y una sinvergüenza.

—Y mala, y desagradable.

—Es cruel, y no siente piedad ni muestra respeto por nadie. Le hace falta una lección —sentenció Sara, que había pasado a ocupar el cargo de presidenta en la primera reunión del club, después de una lucha interna con Sònia (entre todos acordamos que la presidencia del club sería rotativa entre los miembros que presentaran una candidatura).

Sònia se hizo amiga de Aida. Cuando pasaban juntas por delante de nosotros a la hora del patio, Sònia nos guiñaba un ojo en señal de que todo andaba como estaba previsto. Hablaban después de las clases, fumaban a escondidas y se reunían en casa de Aida para estudiar. Un fin de semana salieron juntas, con unos amigos de Aida, unos chicos de otra escuela que a Sònia le parecieron burros y creídos como su compañera. Todos eran muy guapos, eso sí. Se notaba que los había escogido ella.

—Todos le hacen caso. Le ríen sus gracias y ella está orgullosa de que la gente los mire. Uno de ellos se parece a Leonardo di Caprio.

Mireia me pide que no comente que sintió envidia de Aida cuando Sònia lo contó aquel día; a ella también le habría gustado salir los domingos con una copia de Di Caprio, rubito como un querubín juguetón. Pero yo lo escribo sin que ella se dé cuenta.

Sara le pidió a Sónia que la próxima vez que salieran juntas le preguntara qué pensaba de nosotros, los del club; que en primer lugar debíamos estar seguros de su mala fe, que tal vez su papel de niña insolente y sin piedad fuera sólo una interpretación de cara a la galería.

—Vete a saber si en realidad es una chica maja y tiene buen corazón.

—Lo dudo —dijo Sònia.

No sólo no tenía buen corazón, sino que no tenía siquiera. Dijo unas cosas tan horribles de nosotros que no nos atrevemos a repetirlas por escrito. Por unanimidad decidimos atacarla sin más contemplaciones.

El asunto de Aida nos costó una parte considerable del fondo monetario que guardaba la presidenta. El carrete de fotos costó 450 pesetas, el revelado 1.500, y las fotocopias (nos conformamos con unas en blanco y negro por falta de presupuesto) 125. En total nos gastamos 2.075 pesetas, y disponíamos de 2.400.

Las 325 que sobraron después de aquella primera inversión nos llevaron a dos razonamientos: por una parte teníamos que incrementar el fondo acumulado (pusimos 300 pesetas más por cabeza), y por otra vimos la necesidad de hallar urgentemente nuevos socios del club, ya que si surgiera un caso de más envergadura no tendríamos suficiente dinero para financiarlo con las aportaciones desinteresadas de los socios actuales.

Sònia se lo montó para invitar a Aida a pasar un fin de semana en la casa de veraneo que sus padres tenían en la Garrotxa. El sábado por la tarde, mientras los padres y los hermanos pequeños de Sònia comían en casa de unos amigos, las dos compañeras fueron a dar una vuelta por el pueblo.

—Hay un problema, Aida —le advirtió Sònia antes de salir—. En este pueblo de montaña la gente es muy especial. Quiero decir que son personas que no salen de aquí, y que odian a los turistas...

—Pero nosotras no somos turistas.

—Yo no. A mí me conocen desde hace muchos años. Pero tú... Eres tan guapa y vas siempre tan moderna que no me gustaría que hablasen mal...

—¿Qué quieres decir? —preguntó, extrañada, la otra.

—Ya sabes cómo es la gente de pueblo. Aquí no sucede lo mismo que en la ciudad, enseguida hablan mal de todo el mundo, se inventan cosas que no son y te hacen la vida imposible —mintió Sònia, que tenía muchos y muy buenos amigos entre la población.

—¿Y qué quieres que haga yo?

—A mí me da igual... pero lo digo sobre todo por mis padres... no sé si me explico. ¡Tengo una idea! ¡Ven, vamos a la habitación de mi madre!

Aida no es que tuviera muchas luces, y Sònia no tuvo ningún problema para engañarla como a un chino.

—Toma, coge esto. Te pondrás ese jersey viejo en lugar del *niki*, y estos pantalones de mamá. Te voy a cambiar el peinado.

—¿El peinado? ¿Cómo quieres que me peine?

—Pues más clásica, más como van peinadas las chicas de aquí. Y nada de maquillaje. O sí, espera, te pondré un poco de crema especial de la abuela...

La enredó con facilidad. No le permitió contemplarse en el espejo.

Lourdes Gifre, una amiga de Sònia, las fotografió aquella tarde: por la calle, en el bar, en el centro social del pueblo, en las tiendas.

—¿No te parece que nos hemos pasado? —preguntó Aida cuando se dio cuenta de que todo el mundo la miraba—. La gente viste como en Barcelona...

—No. Te lo parece. Se nota que no los conoces...

Las fotocopias ampliadas de Aida ejerciendo de campesina aparecieron clavadas con chinchetas en todos los colgadores de corcho de la escuela, de primero de ESO a COU[2]. Quedaba claro que no se trataba de un montaje ni de un disfraz ya que Sònia, que aparecía a su lado en la mayoría de las imágenes, vestía normal, y ambas se hallaban en lugares comunes como la plaza del pueblo o la cafetería. ¡Vaya facha! La crema milagrosa de la abuela resultó ser un ungüento pastoso que convertía a Aida en cejijunta y le insinuaba un magnífico bigote sobre el labio superior. Iba peinada como una vieja, con unos clips os-

[2] COU, curso de orientación universitaria. Programa de estudios que precedió a la LOGSE actual y que equivalía al nivel de segundo de bachillerato.

curos de espanto, la frente despejada y unos pendientes largos del año del catapún. Aparecía rodeada de gente que la observaba, y ella se mostraba seria y tranquila, como si aquélla fuera su forma de ser y de vestir habitual.

Los compañeros se hartaron de reír. Cuando llegó Aida, incluso el profesor comentaba, divertido, la aparición de las fotocopias.

—¡Vaya Aida, quién te ha visto y quién te ve! ¡Y las fotos son de hace tres días!

Porque tuvimos la suerte de que la cámara de Lourdes era de las que dejan grabada en la copia la hora y la fecha de cada negativo.

Aida lloró desconsolada y vencida por la rabia mientras arrancaba la foto. Maldijo a Sònia mientras las demás le advertían que había fotos como aquélla en todas las aulas, y que era demasiado tarde para quitarlas porque los profesores habían empezado las clases. Aida se lanzó furiosa sobre Sònia, que no se podía aguantar la risa y pedía una cámara para realizar otra sesión fotográfica.

LA COCINERA MACHISTA

La primera incorporación al anticlub se produjo días después del tercer caso que queríamos combatir. Y todo empezó en la pista de deporte, el escenario en el cual, al cabo de pocos meses, se llevaría a cabo otra misión. Pero vayamos por partes, me recuerda Rafa, no precipitemos el orden de los acontecimientos.

En la hora de educación física, el profesor nos agrupó en dos equipos para jugar un partido de fútbol. Rafa, Marc y yo odiábamos el fútbol y siempre habíamos conseguido que el profesor nos autorizara a practicar lanzamientos a la canasta de básquet mientras el resto disputaba un partidillo de 45 minutos. Nunca habíamos tenido problema alguno. Pero resultó que aquella semana Eusebio, el profe, había ingresado en el hospital para una operación de menisco, y en su lugar habían contratado a un sustituto. Éste se llamaba Paco, era alto como una torre, tenía brazos de culturista y gastaba muy mala leche.

—¿Qué significa que no jugáis a fútbol? Aquí todo el mundo participa, y vais a jugar, tanto si os gusta como si no.

—Pero, Eusebio... —protestó Rafa.

—¡A callar! —le cortó aquella masa musculosa—. ¡Os vais a poner el dorsal de vuestro equipo!

Hubo discusión. Nuestros compañeros de clase no nos querían en sus equipos, y hubo alguno que criticó sin pelos en la lengua nuestra nula aptitud para el deporte y nuestra torpeza a la hora de movernos. Paco impuso silencio y dijo que ése y ése (Rafa y yo) jugaríamos con los rojos, y el otro (Marc) lo haría con los amarillos. Y punto.

Cada vez que me llegaba un balón me ponía a temblar. Intentaba chutar, y ni tan siquiera lo tocaba, y cuando por casualidad iba a darle de lleno, otro jugador del equipo contrario se había hecho con él. No había modo de conseguirlo. Lo peor fue lo que le pasó a Marc: vio llegar un balón a sus pies justo delante de la portería contraria y el portero, que había tropezado, se hallaba tumbado en el suelo.

—¡Chuta, Marc, Chuta! —gritaban los de su equipo.

No había nadie defendiendo la portería. Sólo tenía que flexionar la pierna y pegar una patada al balón para materializar el gol. Y Marc chutó y lo mandó fuera de los palos. ¡Qué mala suerte!

—Pero ¿tú estás tonto o qué? ¿Te estás burlando de nosotros, tío? —le increpaban los de su equipo.

Todos vimos que Paco se reía.

—¡Vaya desastre! ¡Vaya panda de patéticos! —murmuró.

Y entonces Jordi nos defendió. Jordi iba a nuestra clase desde siempre, como Mireia. Era un buen compañero, simpático e inteligente, pero nunca habíamos sido amigos. Ni él me había invitado nunca a sus cumpleaños ni yo a él a los míos.

—¡Ya te han advertido que no saben jugar a fútbol! —le gritó a Paco.

Se hizo un silencio en la pista.

—Eusebio les permite jugar a básquet. ¡Ellos no tienen la culpa de lo que está pasando!

Paco le miró fijamente, con los brazos en jarras.

—Tienen la obligación de ser buenos alumnos y cumplir las órdenes del profesor.

—Y tú tienes la obligación de ser buen profesor y atender a lo que te sugieren tus alumnos —le contestó Jordi.

Expulsión. Expulsión directa. Durante el resto del partido, que se hizo eterno, Jordi siguió el juego desde el banco de piedra donde nos reuníamos los miembros del anticlub; "retirado al banquillo", como dicen los entendidos.

Rafa, Marc y yo le dimos las gracias al final del encuentro, y le dijimos que sentíamos mucho que le hubieran expulsado por nuestra culpa.

—A ver si a partir de ahora te coge manía... —le dije yo.

—La culpa no es vuestra. Es suya y sólo suya. Ya aprenderá. No me arrepiento de lo que he hecho.

Rafa y yo nos hicimos amigos de Jordi desde el incidente. Hablábamos a menudo y nos ayudaba en algunas cosas. Un día nos invitó a su casa a merendar para mostrarnos un nuevo juego de la *play station*, y nosotros aprovechamos la ocasión para hablarle del anticlub.

Al día siguiente se acercó al banco de piedra y le presentamos al resto de socios. Le habíamos advertido que la existencia del club era un secreto que sólo conocíamos nosotros y nuestros mejores amigos. Nos pareció que se sentía honrado con esa confidencia, y se sorprendió cuando le dijimos que Sònia, la de segundo, que en ese momento no estaba presente, también era miembro del club.

—¿Sònia? ¿Sònia Ferrer?

No fue la última vez que alguien se asombró de la presencia de Sònia entre nosotros, como si los demás tuviéramos unas características comunes que nos identificaran como grupo y en cambio Sònia fuera inevitablemente distinta.

—¿Y qué hacéis en el club? —nos preguntó Jordi, intrigado.

—Es un secreto. Sólo lo sabemos los socios.

—¿Y qué hay que hacer para ser socio?

Era la primera vez que nos hallábamos ante esa situación, y no supimos qué contestarle.

—Pero ¿tú quieres ser socio? —le preguntó Glòria.

—¿Cómo queréis que lo sepa, si no me explicáis cómo funciona el club?

Tuvimos que admitir que tenía razón. Rafa dijo que Jordi se merecía nuestra confianza y que podíamos explicárselo todo. Se quedó de piedra cuando se lo contamos, y dijo que se lo pensaría.

—Es *top-secret* —le recordó Mireia.

Sara, Sònia, Rafa, Mireia y yo nos quedábamos a comer en el cole. En la lista de cosas que no nos gustaban, habíamos escrito el nombre de Lupe, una de las cocineras. Los que no se quedaban a comer no la conocían, y por tanto no la incluyeron en el proyecto anticlub. Pero los que lo hicimos insistimos mucho en ella, sobre todo las chicas, ya que las martirizaba cada semana de lunes a viernes.

Lupe tenía la mala costumbre de no ser justa a la hora de administrar las raciones de comida en los platos: las chicas siempre recibían menos cantidad que los chicos. En su caso no influían ni la fealdad ni la inteligencia, ni tan sólo quién le caía bien o mal. Se trataba de una pura cuestión de sexos.

—Me has puesto muy poco, Lupe —se quejaba Mireia.

—Tienes suficiente, niña —le respondía la cocinera.

—¡Pero a mí me gustan mucho los espaguetis!

—¡A todos os pongo la misma cantidad!

Lupe daba la reclamación por concluida mientras llenaba mi plato hasta el borde, o el plato de Rafa, o el de cualquier otro niño que se sentara con nosotros.

—¿Os dais cuenta? —se asombraba Mireia—. ¿Veis la diferencia? ¡A mí casi no me ha puesto, y en cambio a ti te ha llenado el plato!

Y era verdad. Y tan exagerado, que un día se lo demostramos.

—A los niños les llenas hasta el tope, sea de lo que sea —le dijo Sara—, y en cambio a las niñas nos obligas a pasar hambre. ¡Eso no es justo!

—¡Claro que es justo! —exclamó la mujer—. Precisamente por eso: ¡porque ellos son niños, y vosotras niñas!

—¿Y qué tiene que ver eso?

—Pues que los niños tienen que alimentarse mejor, porque son más fuertes y necesitan más calorías.

—¿Y las niñas no necesitamos las mismas? —insistió Sara.

—Las niñas sois distintas. Sois más poquita cosa y no valéis para mucho. Con mis hijos hago lo mismo. ¡Es ley de vida! —sentenció la cocinera.

Enseguida se fue a servir a otra mesa y nosotros nos quedamos pensando en lo que había dicho.

—No tiene razón. Eso que ha dicho no tiene pies ni cabeza.

Todos estuvimos de acuerdo. Pero Lupe continuó administrando la comida de aquel modo injusto, y por mucho que Sara se quejara, la mujer no cambió de actitud. Comentamos el caso a las encargadas del comedor y a la tutora, y nos prometieron que hablarían con la mujer. A partir de entonces, Lupe nos miraba con hostilidad mientras nos servía, y vaciaba con furia el cucharón sobre el plato de las niñas, que recibían, a pesar de todo, menos cantidad de comida que sus compañeros de sexo masculino.

Lupe permitía repetir de patatas fritas a los niños, jamás a las niñas. Y doble postre, cuando había *Petit Suisse*, por ejemplo.

—¡Yo también quiero dos, Lupe!

—Tú a callar, que ya te has comido uno.

—¡Pero a Toni le has dado dos! —se quejaba una compañera de la mesa vecina.

—Porque había. Pero ahora ya se han terminado.

Se trataba de una cuestión que, por lo visto, tenía que resolver el anticlub.

Rafa era el único de nosotros que se había apuntado a teatro como actividad extraescolar, y tuvo la ocasión de demostrar sus dotes interpretativas en el comedor el día que decidimos llevar a cabo la acción contra la cocinera machista. Estuvimos esperando una semana el menú idóneo, la tortilla de patata de primero y el pescado rebozado de segundo, que siempre solía caer en miércoles o jueves. Aquel día fue un jueves.

—Ponme poco, Lupe, de tortilla y de pescado, que no me gustan ninguna de las dos cosas —le suplicó Rafa.

—Tienes que comer más, niño, que estás en edad de crecer —le advirtió la cocinera.

—Pero es que no me gusta...

Sin hacerle caso, la mujer le llenó el plato con un cuarto de tortilla y dos rodajas de merluza.

—A mí ponme mucho, Lupe —le pidió Sara.

Con su habitual desdén hacia las niñas, Lupe, sin hacer comentarios, le puso el trozo más pequeño de tortilla que encontró en la bandeja y una sola rodaja de merluza.

Rafa, a pesar de tener hambre, se mantuvo con los brazos cruzados negándose a comer. Las encargadas de vigilar el comedor le obligaron a tragarse la tortilla.

—¡Lupe me ha puesto demasiado! —se quejó Rafa.

—¡Y a mí, como siempre, me ha puesto poco! —comentó Sara en voz alta.

Cuando la mayoría de compañeros había terminado de comer, Rafa dijo que se encontraba mal y, sin que nadie lo viera, se metió el dedo en la boca y se provocó un vómito aparatoso. Ensució el suelo, y los zapatos de una de las encargadas. En aquel mismo instante entró el director de la escuela a comer. Todo el mundo estaba excitado: los compañeros gritaban y el director se acercó a nuestra mesa para indagar las causas del barullo.

—¿Qué te pasa, Rafa? —le peguntaba una de las monitoras mientras le ponía una mano en la frente.

Rafa forzó una segunda arcada. El vómito salpicó los zapatos del director.

—¿Te encuentras bien, muchacho? —le preguntó éste, mirándose sus zapatos manchados.

Rafa negó con la cabeza. Lupe lo contemplaba, asustada, con una mano en la cadera y otra tapándose la boca.

—Rafa no se encontraba bien, y ha pedido a Lupe que no le pusiera tanta comida —explicó Sara, que se había puesto en pie y acusaba a la mujer señalándola con el dedo—. Como siempre, ella le ha obligado a comer a la fuerza, le ha puesto más comida que a nosotras. ¡Lupe obliga a los niños a comer más que las niñas!

El director escuchaba a Sara, que era tan bajita que se había subido encima de la banqueta.

—¡Lupe es injusta! ¡No nos hace caso! ¡Nunca atiende nuestras quejas!

Las monitoras se llevaban a Rafa hacia el lavabo, y el resto de comensales confirmaban aquello que decía Sara.

—¡Tiene razón! ¡Lupe no nos escucha cuando le pedimos algo!

—¡Siempre favorece a los chicos! ¡A las chicas nos trata mal!

—¡A mí nunca me permite repetir! ¡Es una machista!

El director, más tieso que el palo de una escoba, miraba a Sara, a Lupe y a Rafa alternativamente. Pegó un grito e hizo callar a todo el mundo.

—¡Ha intentado matarme! —se quejaba Rafa mientras se dirigía hacia el lavabo.

—¡A callar todo el mundo! —repitió el director con otro grito.

A continuación se dirigió a Lupe.

—Y usted, pase esta tarde por mi despacho.

Dicho esto, se miró los zapatos manchados, echó una ojeada al comedor y, furioso, se dirigió hacia la sala donde comían los profesores. Lupe se había mantenido quieta como una estatua. Todos la mirábamos fijamente. De repente, se puso a sollozar y se largó corriendo a la cocina.

La presidenta del anticlub tuvo que invertir doscientas pesetas del fondo común en un bocadillo para Rafa, que con tanto movimiento de tripas estaba muerto de hambre antes de comenzar las clases de la tarde.

Jordi se acercó a mi mesa mientras yo guardaba los libros. Había sonado el timbre que daba por finalizada la última hora lectiva del día.

—¿Habéis sido vosotros? —me preguntó.

—¿A qué te refieres?

—Si sois los que habéis organizado el *show* en el comedor. Sergio me lo ha contado todo. Que Rafa ha vomitado y que el director se ha enfadado con la cocinera.

—Lupe es una mujer injusta —le confirmé.

A la mañana siguiente, Jordi entregó las 300 pesetas a Sara, y ella anotó sus datos personales para elaborar un carnet de socio del anticlub.

EL QUIOSQUERO DE LAS MALAS PULGAS

Para comprar pipas o golosinas, teníamos que acudir al quiosco del señor Anselmo, el que estaba más cerca de la escuela. El hombre era tan antipático que muchos niños preferían bajar dos calles y pagar un poco más en la tienda "Dulce", cuya dependienta era una chica mucho más agradable.

—¡No hay derecho! —se quejaba Marc, que era un auténtico fanático de las chuches, especialmente de las nubes y las espirales de regaliz.

Incluso mi padre, cuando iba a buscarme algún viernes al cole, ya que le venía de paso saliendo del trabajo, prefería andar hasta la tienda en lugar de comprarme una bolsita de ositos de goma en el establecimiento del antipático señor Anselmo.

—Éste sí que es un mal negociante, sin visión de futuro —me decía—. Las pequeñas empresas, por decirlo de algún modo, lo tienen muy negro para sobrevivir, y deben tener en cuenta el buen trato a los clientes si quieren salvar el negocio. Este personaje lo tiene que ni pintado, con una escuela al lado, sabiendo que vosotros le podéis comprar caramelos o chicles o libretas o cómics, y los profesores le pueden comprar el periódico... ¡A eso se le llama ser tonto!

Además, el señor Anselmo vendía las golosinas más baratas que en la tienda. Había cosas a 3 pesetas la pieza, o sea, dos pesetas más barato que en "Dulce", donde todo iba a peso o a duro. Si Marc llevaba 30 pesetas para gastarse, le salía a cuenta invertirlas en productos del quiosco, ya que por el mismo precio obtenía más cantidad. Pero tenía que soportar todo tipo de comentarios.

—¿Qué, chaval? ¡Se nos va a hacer de noche! —le decía el señor Anselmo antes de que Marc abriera la boca.

—Quiero dos nubes, dos corazones de Coca-Cola... y.... y....

—¿Y qué más, niño? ¿Te crees que tengo todo el tiempo del mundo?

El señor Anselmo atendía a otros clientes y dejaba a Marc, a mí, a Sara o a quien fuera, con la palabra en la boca, sin terminar de escuchar lo que pedíamos. Cuando había charlado un rato con la persona adulta a quien había vendido un periódico, se ponía a ordenar un montón de revistas sin prestarnos la menor atención.

—Quiero dos nubes, dos corazones de Coca-Cola, dos chicles de sandía...

—¿Vas a tardar mucho, chaval? A este paso nos dan las uvas...

Jordi opinaba que a veces el señor Anselmo no hacía bien la cuenta; que cuando se trataba de varias piezas ni las contaba y echaba la cuenta a ojo.

—¿Cuánto le debo?

—¿Cuánto dinero llevas? —preguntaba.

—Treinta pesetas.

—Pues son treinta. ¡Mira tú que fácil de contar!

Jordi decía que eso era imposible, que seguro que eran 27, o 24, ya que casi todo iba a tres pesetas, y no hay ningún número que multiplicado por tres dé un resultado terminado en cero; o sí, sólo el 10, que multiplicado por 3 es 30, y no siempre comprábamos exactamente diez piezas.

—Es un estafador —decía Glòria— y una mala persona.

Glòria había tenido malas experiencias con el quiosquero desde el día en que éste descubrió que Glòria no tenía mano: cada vez que iba a comprar alguna cosa y ella pagaba con una moneda de cien o de quinientas, el quiosquero le alargaba el cambio hacia la mano que no tenía. Seguro que lo hacía para verle el muñón e incomodarla; pero Glòria estaba tan acostumbrada que, instintivamente, alargaba el otro brazo, el izquierdo, como hacía siempre y en cualquier circunstancia.

Y aún había más. A Sara, una vez que fue a comprar un *Ragazza*, le preguntó si no se llevaba también *Gigantes del básquet*. Sara no se dio cuenta de la broma macabra hasta que anduvo tres calles. Y a Mireia le preguntó un día si había ido a la playa a ponerse morena. ¡Qué tipo más desagradable! Y era un cotilla. Como tenía el quiosco al lado de la escuela, sabía lo que hacían los niños y las niñas a la salida: quién fumaba, quién se enamoraba, quién salía a escondidas a la hora del recreo.

—¡Le diré a tu padre que te he visto fumando! A ver

si te parece bonito que una mocosa de tu edad fume a escondidas de los padres. ¡Ay, si fueras hija mía...! —le dijo una vez a Sònia.

Todos habíamos tenido encontronazos con el quiosquero mezquino y todos habíamos escrito su nombre en la lista de acciones del anticlub. Había llegado la hora de actuar.

Una tarde, a la salida del cole, todos los miembros del anticlub visitamos el quiosco del señor Anselmo. Todos le pedimos un montón de cosas a la vez: chuches, revistas, libretas...

—¡Basta, niños! Uno por uno, que si no, no os entiendo!

Pero nosotros hablábamos sin parar, rectificábamos, gritábamos, le ordenábamos que se diera prisa. No permitimos que atendiera a clientes eventuales que iban a comprar el periódico: nosotros gritábamos más, gesticulábamos con las manos, y aunque el quiosquero se dirigiera con gestos al cliente adulto del periódico, éste negaba con la cabeza, que primero estaban aquellos niños y niñas enloquecidos, que él podía esperar. Y nosotros mareábamos al señor Anselmo que, como podía, iba llenando las bolsitas de plástico con las golosinas que todos a la vez le pedíamos. Cuando hubo más o menos terminado y se había formado una cola de tres o cuatro personas a la espera de pagar o pedir aquello que querían, le anunciamos que nos habíamos olvidado el dinero en casa.

—¡Ay! ¡Me he olvidado la cartera! —dijo Jordi.

Y los demás lo imitamos, llevándonos una mano a la cabeza. "¡Toma, y yo!" "¡Yo también!" "¡No tengo ni un duro!" "¡Ni yo!". Y nos fuimos corriendo, partiéndonos de risa. El hombre nos maldecía desde el otro lado del mostrador.

—¡Demonio de niños! ¡Mal educados! ¡Sinvergüenzas!

A la mañana siguiente, un grupo formado por Mireia, Jordi, Glòria y yo, nos personamos delante del quiosco y, al principio muertos de vergüenza pero haciendo de tripas corazón, nos dirigimos a la gente que compraba para anunciarles que aquel tipo maltrataba verbalmente a los niños de la escuela vecina; que era antipático con nosotros y con los profesores, y que no hacía bien las cuentas y que nos estafaba a propósito. El quiosquero no podía creérselo. Los clientes nos miraban y sonreían, y dudaban un poco antes de dar las monedas al señor Anselmo, que alargaba el brazo para cobrar desde el mostrador.

—¡Será posible! ¡Malditos niños! ¡Queréis hacer el favor de largaros de aquí!

Y cuanto más gritaba, más parecían entender nuestras razones los clientes.

—¿Lo ve, cómo grita? —le decía Mireia a la mujer que tenía un *Hola* entre las manos y parecía dispuesta a pagar—. ¡Así nos trata siempre!

—¿Queréis hacer el favor de esfumaros? ¿Qué coño pretendéis, criaturas del infierno? —Y la señora del *Hola* miraba extrañada al señor Anselmo y escuchaba sus gritos, que cada vez eran más fuertes y amenazadores—. Si no os las piráis ahora mismo, voy a buscar al director del maldito colegio y...

—¡Oiga, usted! —intervino finalmente la señora de la revista—. ¿Por qué grita así? ¿No ve que son sólo niños?

—¿Niños? ¿A eso le llama usted niños? Estos cuatro desgraciados que...

—¡Pare el carro! —exclamaba la señora— ¿Se da cuenta de que los está insultando?

Y ya había un señor con corbata a punto de pagar *El País* que escuchaba la disputa y las razones de la señora.

—¡Pretenden hacerme la vida imposible! ¡A estos chiquillos de hoy en día les conviene una buena zurra! —gritaba el señor Anselmo.

—¿Cómo se atreve? ¡Ahora entiendo las quejas de estos jovencitos! —decía la señora.

—¡Nos dice cada cosa...! Y nos insulta, nos estafa, no nos quiere atender... —explicaba Glòria al señor de *El País.*

El señor Anselmo gritaba como un energúmeno, y abría la puerta lateral para salir a cazarnos.

—¡Largaos de aquí! ¡Fuera! ¡Voy a buscar al director! ¡Mal nacidos!

Y nosotros huimos corriendo calle abajo mientras la señora del *Hola* y el señor de *El País* dejaban los ejemplares de las respectivas publicaciones en los montones de donde los habían cogido y se iban a comprar a otro sitio.

—¿Cómo se atreve a tratar así a los críos? ¡No me lo puedo creer! —le decía la mujer al hombre de la corbata.

Al día siguiente, Sònia, Sara, Rafa y Marc repitieron

la misma acción, y tuvieron que salir en estampida ya que el quiosquero estaba dispuesto a perseguirlos por la calle.

—¡Socorro! ¡Ayuda! —gritaba Sònia mientras corría—. ¡Este hombre nos persigue! ¡Deténganlo!

Los transeúntes, estupefactos, contemplaban al quiosquero de la esquina, que corría desesperadamente tras los chavales que huían aterrorizados.

—¡Me quieren la ruina! ¡Estos malcriados me quieren la ruina! ¡Hablaré con el director!

Pero antes lo hicimos nosotros, Jordi, Sara y yo, en representación de todos los chicos de la escuela.

—Y no sólo nos estafa y nos trata mal, sino que ahora le ha dado por perseguirnos por la calle, y nos amenaza cuando le exponemos nuestras quejas. ¡Pregunte por ahí! ¡Todo el mundo lo ha visto!

—A mí me parece realmente impresentable —intervino la jefa de estudios, que se encontraba en el despacho del director con nosotros—. Hace tiempo que decidí no comprarle nada. Y he recibido quejas de padres y profesores.

—¡Pues ahora sólo falta que nos persiga a los chavales! —dijo el director—. ¡A este tipo hay que pararle los pies! ¡Es un peligro público!

Aquella semana hubo jaleo en el quiosco. Sabemos que acudió el director y algunos profesores. También se personaron algunos padres, como el mío por ejemplo, y el padre de Marc, y también la Guardia Urbana. Oímos rumores sobre denuncias, multas, nula profesionalidad y falta de civismo. El caso es que quince días después el señor Antonio ya no atendía la clientela detrás del mostrador. En su lugar había un joven simpático que aumentó el precio de las golosinas a duro la pieza, como en la tienda, pero que atendía a los niños y a las niñas con naturalidad y respeto. Sònia dijo que se parecía al señor Anselmo, y que quizás fuera hijo suyo. Si eso era verdad, mi madre se equivocaba cuando decía que los hijos se miran en los padres, y que de tal palo tal astilla.

DREAM TEAM

La presidenta convocó una asamblea a finales de abril, el primer encuentro del anticlub desde su fundación. Rafa, después de consultar con su padre, que es gestor, confeccionó una hoja mecanografiada al ordenador encabezada por este título: "Convocatoria extraordinaria del anticlub", y este subtítulo: "Orden del día". Todos los miembros recibimos una fotocopia de la hoja cuando entramos en casa de Sara aquel sábado por la tarde, después de mostrarle el carnet y firmar en una libreta llamada "Registro General".

Durante la reunión, los socios procuramos comportarnos como personas mayores y disciplinadas, levantando el brazo antes de hablar y tratándonos de "camarada" cada vez que nos dirigíamos a otro. Todo discurrió relativamente bien hasta que Marc decidió que ya tenía suficiente y que quería ver en la tele un episodio de *Melrose Place*. La camarada presidenta le reprendió y le advirtió que aquello no era serio, que ningún camarada estaba autorizado a abandonar la reunión por motivos televisivos; pero Marc era como era, y salió de la habitación para ir a ver la tele. Entonces empezó el follón, ya que la presidenta propuso expulsar al camarada Marc, y la mayoría se opuso alegando que el camarada tenía un ACI, y que nuestro deber era aceptarle tal como era, y la presidenta nos amenazó con dimitir del cargo, y la camarada Sònia dijo que Marc tenía razón, que aquellas reuniones eran aburridas e insoportables; que qué se había creído la camarada presidenta (en realidad la llamó "camarada botija", como solía hacer antes de la fundación del anticlub), y la camarada Sara se puso a llorar; que dimitía, que con gente como nosotros no se podía ir a ninguna parte, y nos obligó de malas maneras a salir de su casa. Me parece que Marc se quedó allí mirando la tele, pero los demás salimos decepcionados y furiosos, y nos fuimos a sentar al parque que había cerca de la casa, y nos preguntamos si el club había desaparecido o si se trataba tan sólo de una tormenta pasajera. El lunes siguiente hubo asamblea extraordinaria en el banco del cole, esta vez convocada por la nueva presidenta en funciones, Sònia, y bajo la estricta observación de las profesoras que vigilaban el patio. Por mayoría acordamos la no disolución del club y el nombramiento inmediato de la nueva presidenta. Sara se negó, pero al darse cuenta de que se hallaba en completa minoría, no le quedó más remedio que aceptar los cambios que abrían una nueva etapa.

El sábado anterior, antes del inicio del jaleo, nos felicitamos los unos a los otros por haber conseguido superar los objetivos que nos habíamos marcado en un principio, y elaboramos una segunda lista de acciones "anti", que tendrían que llevarse a cabo durante los dos meses que faltaban para terminar el curso. La primera era la llamada "Paco". Eusebio, el *profe* de educación física, había comunicado al centro que su recuperación total no se produciría hasta después del verano, y por tanto el profesor suplente, el odioso y musculoso Paco, continuaría su labor hasta el mes de septiembre. Todos, exceptuando a Sònia, nos sentíamos marginados en sus clases. La mayoría, a causa de su falta de comprensión hacia la gente que odia el deporte, y Jordi porque, después del enfrentamiento verbal que mantuvieron a raíz del maldito partido de fútbol, se había convertido en el centro de su ira. Al pobre le tenía manía, y aunque destacara sobre el resto en las actividades propuestas, siempre le criticaba y le evaluaba mal en las notas parciales del crédito.

Se acercaba el mes de junio y se empezaba a preparar el festival que cada año la escuela organizaba para despedir el curso académico. Aquel año, la novedad era una exhibición de gimnasia deportiva con fondo musical. Paco se encargaría de seleccionar a los grupos de alumnos que presentaran las coreografías más espectaculares y con mayor nivel de dificultad a la hora de realizarlas. Aparte, como siempre, habría partidos de fútbol, de básquet y de voleibol, y después un *playback* y la fiesta de la espuma.

—Voy a poner un notable y actitud buena a los grupos que presenten una tabla gimnástica original para el festival del mes de junio, y un excelente a aquellos que la realicen a la perfección. Durante dos semanas, ésta y la que viene, a la hora de educación física, os podéis reunir para montar y ensayar vuestra coreografía, y dentro de tres semanas me la presentaréis para que yo la evalúe. Vais a tener que grabar en una cinta la música que escojáis.

No es necesario decir que los miembros del club nos quedamos solos a la hora de formar los grupos gimnásticos. Sólo Jordi fue requerido en dos de los equipos buenos.

—¿Qué vais a hacer vosotros? —nos preguntó antes de decidirse.

Hay que reconocer que nosotros, con chándal, desmerecíamos bastante. A Sara el chándal le iba tan estrecho que parecía una morcilla, pero fue la primera en organizarnos.

—Buscaremos una buena música y haremos lo que podamos.

Jordi sabía que si quería remontar el curso no podía quedarse con nosotros. ¡Sólo le habría faltado eso!

—¿Os parece mal que me vaya con el grupo de Gerardo?

Todos le dijimos que no, que lo entendíamos perfectamente. Glòria estaba exenta de gimnasia, pero dijo que se apuntaba con nosotros y que haría lo posible por ayudar. Nos trasladamos a un rincón de la pista que estaba libre, nos sentamos en corro y empezamos a pensar qué íbamos a hacer. Paco pasaba por los grupos y daba su opinión sobre las primeras ideas o las músicas más convenientes a cada coreografía. Durante la primera sesión de ensayos, no se nos acercó ni una sola vez, y el segundo día llegó en el momento en que Rafa intentaba hacer el pino-puente para que Sara pasara por debajo. Ni a él le salió bien el ejercicio ni ella pudo pasar por ese túnel.

—¿Todo bien, chicos?

Rafa había perdido las gafas y se había derrumbado encima de Sara, cuyo chándal le había subido hasta el pecho y lucía la espalda al aire.

—Necesitamos gente para transportar las colchonetas de un sitio a otro, y para cargar con el potro y el plinto. No hace falta que actuéis todos... —nos informó Paco.

Mireia dijo que no contara con nosotros para eso, que ella había tenido una buena idea y que intentaríamos realizarla lo mejor posible. Paco asintió con un movimiento brusco de la cabeza, hizo "hm" y desapareció.

La coreografía de Mireia tenía su gracia. Era como una historia: una niña negra se convertía en la reina de las gimnastas durante las olimpiadas, después de pasar todo tipo de obstáculos. Nosotros éramos los obstáculos, claro, y ella la niña triunfadora. Mireia siempre se quejaba de que en los juegos olímpicos no hubiera gimnastas de color. La música en un principio era de *Backstreet Boys*, pero más tarde decidimos utilizar una canción cantada por alguien negro, que parecía que pegaba más con el tema. La tía de Sara le dejó una cinta con una canción antigua que empezaba muy lentamente y luego se transformaba en música de discoteca, y al parecer la cantaba una negra.

Resultó que no, que la cantaban una blanca y una negra, a dúo, pero nos gustó tanto que la utilizamos. Mientras la música era suave, Mireia simulaba sentirse triste porque las cosas no le salían bien, y los gimnastas blancos, que éramos nosotros, lo hacíamos mejor que ella. Eso era difícil de interpretar, porque la verdad es que lo hacíamos mucho peor. Marc no sabía nunca hacia dónde debía tirar: si decíamos: "Dos pasos a la derecha", él se iba hacia la izquierda y chocábamos. Nos poníamos en fila y hacíamos una voltereta, uno tras otro, y el jurado, que lo interpretaba Glòria, levantaba unos marcadores donde siempre ponía 9,9 o 10, y cuando le tocaba el turno a Mireia, sólo le daba un 6 de puntuación. Hacer este fragmento nos costó mucho, ya que no había manera de conseguir que Sara diera la voltereta. Cogía impulso con una carrerilla, se lanzaba sobre la colchoneta y se quedaba amorrada como uno de esos árabes que rezan de rodillas mirando hacia la Meca. Si Rafa iba detrás de ella, como se había quitado las gafas, no distinguía si Sara había terminado el ejercicio, e iniciaba la carrera hacia la colchoneta sin que nosotros tuviéramos tiempo de impedir que se lanzara de cabeza contra su espalda. No se hacía daño, porque en realidad Sara era como una segunda colchoneta protectora, pero la coreografía quedaba desastrosa. Mireia se subía por las paredes.

—Pero ¿qué estáis haciendo? ¡Esto es una mierda!

De lejos, admirábamos las evoluciones acrobáticas del grupo de Jordi. ¡Qué maravilla! ¡Todos acompasados haciendo cosas alucinantes!

—No podemos presentarnos —opinaba Glòria—. Nos está quedando de pena.

Pero Mireia estaba tan ilusionada que continuamos ensayando hasta el día que Paco escogió para evaluar todas las coreografías y elegir las que se realizarían delante del público durante el festival. Si normalmente nos salía mal, aquel día, delante de toda la clase, nos salió peor. Mireia se puso a llorar de impotencia sentada en el suelo, mientras nosotros, que representaba que éramos los gimnastas rusos que ganaban todas las medallas, nos caíamos como las fichas de un dominó, unos encima de otros, porque Marc tropezó con la colchoneta y perdimos el equilibrio. Los compañeros se morían de risa, y Paco también. A Jordi le supo muy mal, pero reconoció que lo habíamos hecho fatal. Fuimos a consolar a Mireia, que estaba aturdida. A la mañana siguiente no fue a clase, y Glòria la llamó a su casa.

—Está deprimida —le contó su madre—. Le hacía tanta gracia eso de la gimnasia...

Jordi tuvo una idea para animar a Mireia: haríamos la actuación a pesar de que Paco la había suspendido. Y él y Sònia colaborarían, y quizás otros compañeros buenos en deporte. Pero tenía que ser como una misión más del anticlub, o sea, rigurosamente secreta.

Ensayamos todos los sábados, e incluso algún domingo. Mireia, Jordi y Sònia lo hacían muy bien, y poco a poco nuestra actuación empezó a tomar cuerpo. Mireia hacía de negrita, como al principio, y los atletas rusos éramos Sònia, Jordi y yo, que todavía lograba defenderme en según qué ejercicios. Sara interpretaba a una exigente profesora rusa de gimnasia, y prácticamente ni se movía, y Marc y Rafa eran los compañeros negros de Mireia. Había que pintarlos de algún modo el día de la representación, y Marc no cupo en sí de gozo:

—¿Lo veis cómo van pintados? ¡Si ya lo decía yo!

Marc y Rafa tenían que equivocarse aposta, hacerlo todo mal, y ese papel lo hicieron bien. Glòria era el jurado internacional que mostraba las puntuaciones después de cada ejercicio. La canción era la misma, y se titulaba *Basta de lágrimas, ya es suficiente,* pero en inglés, y se adaptaba perfectamente al tema de la coreografía.

Tuvimos la suerte de que el presentador del espectáculo fue el padre de Jordi, que era miembro del AMPA[3], el cual, cuando el público hubo aplaudido la última

[2] AMPA: Asociación de Madres y Padres de Alumnos.

tabla gimnástica, que era la del grupo de Jordi y Gerardo y que resultó fantástica gracias al acompañamiento musical de las Spice Girls, cogió el micrófono para anunciar que había todavía una última coreografía.

—Es una novedad de última hora, y voy a leer lo que pone en este papel que me han entregado.

Y mientras cogía el papel, nosotros, que esperábamos bajo la canasta de básquet, fuimos testigos de la expresión de perplejidad de Paco, que enseguida subió a la tarima del presentador para averiguar, muerto de curiosidad, cuál era esa novedad que él desconocía.

—Pues leo: "A esta coreografía la llamamos *Ya basta de lágrimas*, y la dedicamos a toda la gente que lucha para derribar fronteras y respetar la diferencia entre los hombres del mundo. Para todos los miembros del club, y especialmente para Mireia, este *Ya basta de lágrimas*". ¡Adelante, cuando queráis!

Paco se quedó de piedra cuando nos descubrió situados en el centro de la pista mientras los encargados de distribuir colchonetas y aparatos preparaban la escenografía. Sara, Rafa, Glòria, Marc y yo, uno al lado del otro, formábamos una fila cuando empezó a sonar la música. Paco se apresuró a coger el micrófono de manos del padre de Jordi y advirtió al público que aquello que verían a continuación era un espectáculo de risa ideado para divertirles, y que él, como profesor de gimnasia, no tenía nada que ver en su ejecución.

—¡Pero os lo vais a pasar bien! —dijo para terminar, cuando ya sonaba la voz de una de las cantantes.

—Es un desgraciado —me susurró Sara al oído.

Apareció Mireia, sin aparatos correctores en la boca, y la gente aplaudió. Lo hizo muy bien: representaba que estaba entrenando muy duro haciendo flexiones y ejercicios de piernas. Los demás no nos movíamos, y Paco se tapaba los ojos con la mano. De repente, cuando el ritmo de la música se aceleraba, aparecieron Jordi y Sònia, que ya habían actuado antes con sus grupos respectivos, y realizaron una demostración perfecta de gimnasia acrobática. Paco se quedó boquiabierto.

Fue un éxito, el mayor éxito del festival. Al público le gustó la música y el tema, y las actuaciones de Sònia, Jordi y Mireia. Los demás cumplimos correctamente con nuestro papel. El padre de Jordi, delante del director y del grupo de padres y profesores de ESO y primaria, intuyendo lo que había querido decir Paco con su desafortunada intervención, cogió el micrófono para felicitarnos.

—¡Fenomenal, chicos! Habéis estado fantásticos, tanto los gimnastas como el resto de compañeros del grupo, y ahora entiendo, Paco, por qué has aclarado que no tenías nada que ver con la preparación de este ejercicio: ¡es demasiado bueno para haberlo dirigido tú!

Todo el mundo se puso a reír, incluso el director de la escuela. Todos menos Paco, claro. Estamos seguros de que se vio obligado a ponernos buena nota de final de crédito.

SEGUNDO DE ESO

Los del club nos reunimos antes del verano. Según Rafa, la reunión debía ser ordinaria en lugar de extraordinaria, ya que no estaba previsto tocar temas importantes, y además no podíamos asistir todos los socios. La escuela terminó el 22 de junio y Sònia se fue al día siguiente a la Garrotxa. El día 28, Jordi se marchó a Dublín, a convivir con una familia irlandesa. El 29, Glòria se fue a Ibiza con sus tíos. A la reunión del día 30, convocada en casa de la vicepresidenta, Mireia, Marc tampoco se presentó: seguramente lo había olvidado. Los que sí estuvimos, hablamos de las anécdotas del curso, del tutor de segundo de ESO, y sobre todo de las vacaciones. Mis padres, mi hermano y yo nos íbamos a Sant Salvador a principios de Julio, y ese año fue el primero de mi vida en que me desagradó empezar las vacaciones. Significaba dejar el club, abandonar a los camaradas socios y no volver a verlos hasta septiembre, con lo bien que nos lo habíamos pasado durante el curso. Nos habíamos intercambiado las direcciones para escribirnos, pero sólo recibí una postal de Jordi desde Dublín y otra de Rafa desde la Costa Brava.

Tumbado en la arena, entre baño y baño, me preguntaba si cambiarían las cosas cuando nos volviéramos a encontrar. Tal vez alguno de nosotros abandonaría el colegio, o quizás nos sentiríamos demasiado mayores para pertenecer a un club como el que habíamos formado. Habíamos cumplido trece años.

Nadie convocó ninguna reunión durante la primera quincena de septiembre, y el primer día de escuela nos volvimos a encontrar. Nos saludamos tímidamente, y enseguida el tutor empezó la presentación del curso. Nos dieron el horario y confirmamos la participación en los créditos a los que nos habíamos apuntado antes de la interrupción veraniega.

Nos reunimos todos en el banco de piedra a la hora del recreo, y no faltó nadie. Esto me alegró enormemente.

MENSAJES VÍA ORDENADOR

La única cosa que había cambiado entre nosotros la noté aquel primer día en el banco. No comenté nada a nadie hasta unos días más tarde, cuando oí a Mireia explicándoselo a Glòria. Ellas también se habían dado cuenta: Sònia y Jordi estaban saliendo juntos.

Lo confesaron públicamente durante la primera reunión extraordinaria del club, a finales de mes. Se habían visto un par de veces a la vuelta de las vacaciones, y aceptaron que se gustaban y que estaban dispuestos a salir.

Sara preguntó si aquello podía interferir en las misiones del club, y los demás dijimos que no, que una cosa no tenía nada que ver con la otra.

El día uno de octubre, el tutor nos informó de un cambio de aula: segundo de ESO se trasladaba a la planta baja, al lado de secretaría, frente al aula de plástica. Aquella clase siempre había sido la de sexto de Primaria, y precisamente en ella nos conocimos los integrantes del club. El motivo de ese cambio era la llegada de un alumno discapacitado que iba en silla de ruedas. La escuela tenía un ascensor que funcionaba con una llave especial y sólo se usaba en casos de necesidad. Una cosa era que Víctor, que así se llamaba el nuevo compañero, utilizara el ascensor para ir al aula de tecnología o a la de desdoblamiento para el crédito variable de Amamos la tierra. Pero habría sido muy complicado obligar al pobre Víctor a hacer uso del ascensor cada día, al llegar y al salir de la escuela, y a la hora del recreo, condenándolo a disponer siempre de un compañero que fuera a buscar la llave, que apretara los botones y le ayudara a subir y bajar. Por tanto, se había decidido trasladar segundo de ESO a la planta baja, y subir sexto a la segunda.

Víctor era un niño inteligente y extravertido que tenía muy asumida su condición de minusválido. Aparentaba menos años de los que tenía, y enseguida se hizo

amigo de todos. Sara, haciendo gala de su carácter, se convirtió inmediatamente en su protectora, su chófer cuando era necesario y, por lo que se vio a continuación, su confidente.

Víctor movía la silla con un mando electrónico y podía desplazarse solo a todas partes. Sara lo invitó al banco de piedra del club, cosa que provocó una mirada recíproca llena de significado entre las profesoras de vigilancia del patio. "El que faltaba para el duro", murmuraron. De ese modo, Víctor pasó a formar parte del club como quien no quiere la cosa: el simple hecho de estar allí entre nosotros le confirió la categoría de socio sin aportación económica alguna y sin la necesidad de una consulta previa por parte del núcleo directivo. Sara se encargó de irle a buscar a su casa y acompañarlo a casa de Rafa, donde nos reunimos a partir de entonces, ya que era el único que vivía en una casa de planta baja.

El caso de los mensajes obscenos lo planteó Sònia: una chica de tercero, Carolina Llauradó, recibía mensajes asquerosos a través de la pantalla del ordenador en el cual trabajaba en la clase de informática. Tenían un crédito variable de diseño por ordenador, y cada alumno debía abrir el programa mediante una contraseña, que era "diseño-eso". Una vez dentro, cada uno tenía su propia carpeta donde guardaba los trabajos que encargaba la profesora. Cada vez que la pobre Carolina abría la suya, encontraba un mensaje escrito en la primera página del documento. La primera vez lo mostró a las compañeras y todas se rieron. Sònia nos lo había contado una mañana en el banco de las reuniones.

—No sabe quién es, pero sea quien sea no se corta ni un pelo. Le dice que está enamorado de ella, que le gustaría besarla en los labios y que sueña con ella cada noche.

Seguramente Carolina empezó a preocuparse cuando al cabo de una semana seguía recibiendo mensajes misteriosos.

—Cada día son más guarros —nos comentó Sònia—, y Carol opina que sería mejor contárselo a la profesora.

Su ligue secreto quería verle las bragas y le preguntaba qué días tenía la regla o si había visto *pelis* porno.

La profesora tranquilizó a Carolina.

—Hablaré con los profesores que utilizan el aula de informática, y entre todos vamos a descubrir quién entra en tu ordenador.

La investigación resultó un fracaso: en el ordenador de Carol trabajaban siempre chicas, buenas chicas además. El profesor de los pequeños solía poner allí a un niño, pero de quinto de primaria, y no le veía nada capaz de hacer algo así.

—Dicen que se trata de un listillo que conoce las posibilidades de la red informática —nos explicó Sònia—, y envía los mensajes desde otro ordenador.

Los profesores de informática paseaban entre las mesas cuando tenían la clase llena, pero ninguno descubrió quién abandonaba su trabajo para dedicarse a escandalizar a Carol con los anónimos.

—Hoy le ha dicho que un día la esperará en la calle y le enseñará lo que tiene entre las piernas.

—¿Y qué tiene? —preguntó Marc.

—¿A ti qué te parece, tontaina? ¿Acaso tú no tienes nada entre las piernas? —le reprendió Sara.

Carol tenía miedo. Los profesores comentaron el caso al director de la escuela y éste ordenó una solución rápida al problema. Él mismo acudió a todas las clases para hablar sobre el tema. A la mayoría de los compañeros les parecía gracioso lo que le pasaba a Carol, pero los del club decidimos que aquello no se podía tolerar.

—No es chistoso. La pobre está muy preocupada y tiene miedo de salir sola a la calle. Seguramente este imbécil escribe sólo para asustarla —decía Sònia—. Pero ¿y si un día le da por hacerlo de verdad?

Víctor resultó ser un experto en informática. Se pasaba muchas horas delante del ordenador ya que su discapacidad le impedía distraerse con otras cosas, como salir a dar vueltas o jugar a fútbol.

—Tengo un plan —anunció el nuevo socio del anticlub—. Necesitaremos la colaboración de Carol.

Ella nos prometió no decir nada a nadie sobre lo que Víctor, Sònia y Rafa le propusieron una tarde.

—Te ayudaremos, pero no queremos que nadie se entere de nuestro plan. Tienes que jurarnos que mantendrás el secreto.

Al día siguiente, cuando Carol guardó el trabajo de diseño que estaba realizando, volvió a la primera página del documento y escribió un mensaje para su "amigo por correspondencia".

"Hola. Ya va siendo hora de que te diga algo, ¿no? Tengo ganas de conocerte. Cuando llego a casa, recuerdo las cosas que me dices y creo que me estoy enamorando de ti. Te mando un beso en la boca. Carol."

Cuando terminó de escribir lo guardó, salió del programa y apagó el ordenador.

Dos días después, al encenderlo, el interlocutor había respondido.

"Ya te has decidido, ¿eh? Me lo imaginaba. Sé lo que te va, aunque aparentes ser una niña buena. Quieres marcha, ¿no? Dime qué quieres de mí y a ver si te puedo complacer. ¿Llevas las braguitas blancas hoy? ¿Las mismas que llevabas el viernes a la hora de deporte? Vi como te cambiabas en el lavabo".

—No sé si podré seguir adelante con esto —dijo Carol, al borde de las lágrimas—. Este cerdo asqueroso me espía mientras me cambio. ¡Parece que lo sabe todo sobre mí!

—Seguro que es alguno de la clase —opinaba Sònia—. Tendremos que averiguar quién es el experto en ordenadores...

—Si Carol está dispuesta a continuar, no es necesario averiguar nada —la interrumpió Víctor—. Mi plan es muy bueno, pero Carol no debe rendirse todavía.

La chica aceptó, y al día siguiente dejó un segundo mensaje. "Hoy llevo bragas blancas, parecidas a las del viernes. ¿Te gustaría verlas? Ninguna de mis amigas sabe que te estoy dejando mensajes, ¡pensarían que me he vuelto loca! Pero no hago otra cosa que pensar en ti, noche y día. Me parece que eres alguien de la clase, pero no sé cómo adivinarlo. Dame una pista, *please*".

No le dio ninguna pista, sino más palabras soeces, más deseos de tipo sexual. Le hablaba de películas, de programas de la tele. Le decía que el día que hicieran el amor, no la decepcionaría.

"Querido mío: ¡no lo soporto más! Te pido un gran favor: ¡quiero salir contigo! Me da igual quién seas, me da igual si eres feo o borde. Te quiero, ¿me oyes? TE QUIERO. Quiero que me hagas todo eso que dices en los mensajes, pero que me lo hagas a mí, ¡EN LA REALIDAD REAL!!!!!!! Mañana quiero saber quién eres, déjamelo escrito en el documento. A la salida del *cole* podemos quedar en el quiosco para charlar. Si no lo haces, no te escribiré nunca más ¿me has entendido? ¡Hazlo por mí!!!!!!! ¡TE LO SUPLICOOOOO!!!!!!!!!!!!".

Jordi y Rafa llevaron a cabo la segunda parte del plan. Uno de ellos simuló perder el conocimiento delante de la puerta del aula de informática. La profesora estaba dentro y acababa de despedir a los alumnos de primero de ESO. Al salir de la clase encontró a Rafa tumbado en el suelo, retorciéndose de dolor.

—¿Qué ha sucedido?

—No sé qué me pasa. ¡Me duele mucho el pecho! Me he mareado y me he caído...

Mientras la profesora le atendía se formó un grupo de estudiantes curiosos, y Jordi aprovechó la reunión para colarse en el aula y buscar la libreta de evaluaciones de la profesora que estaba encima de la mesa. Sònia se había fijado que en la primera página de esa libreta, la profesora tenía apuntada una relación de códigos de la red informática de toda la escuela. Jordi copió las cifras del código del ordenador que tenía el director en su despacho. Al salir hizo un gesto a Rafa, que seguía tumbado en el suelo.

—Parece que ya me encuentro mejor.

—Debería verte un médico. No es normal que te pase esto —le aconsejó la profesora, secundada por la Mocho y la jefe de estudios, que se habían acercado para auxiliar al accidentado.

—Se lo diré a mi madre. Gracias por ayudarme.

A la mañana siguiente, mientras la secretaria del director introducía unos datos en el ordenador recibió el aviso de un mensaje que le llegaba del aula de informática. En el menú de operaciones pulsó el comando "entorno de red" y recibió en pantalla el mensaje que el espía secreto mandaba en ese momento al ordenador de Carol.

—¡Antonio! —llamó al director, que estaba sentado en su mesa—. Deberías ver esto.

El director acercó su rostro a la pantalla y ambos leyeron el texto que transcribo a continuación:

"De acuerdo, Carol, confío en ti y espero que lo que me prometiste vaya en serio. Ha llegado la hora de la verdad. Te advierto que si te niegas a salir conmigo y hacer todo lo que te pida, te haré la vida imposible y jamás podrás venir o marcharte sola de la escuela. Estoy loco por ti, y sé que nos lo vamos a pasar bien. Soy Carlos Lahoz, de primero de bachillerato. Te espero esta tarde en el quiosco".

El director ordenó a la secretaria que sacara una copia impresa del mensaje, y luego se dirigió al aula de informática. Efectivamente los alumnos de primero de bachillerato estaban allí, y entre ellos Carlos Lahoz. No dijo nada, pero concertó una cita con Carol en su despacho a la hora de comer. Le mostró la copia del mensaje que ella habría recibido esa misma tarde al abrir su documento en el ordenador.

—Ya sabemos de quién se trata. Ahora sólo nos falta pillarlo.

Al día siguiente nos enteramos de lo que había sucedido. Carol acudió a la cita en el quiosco. Allí estaba Carlos Lahoz con su típica *bomber* negra esperándola. Se saludaron y Carol le preguntó si pensaba cumplir sus amenazas si ella se negaba a salir con él.

—Por supuesto. No lo dudes. ¡Pero has venido! —contestó él, burlándose.

—En realidad, ha venido todo el equipo directivo de la escuela —le dijo el director, que apareció acompañado de cinco profesores más que, como él, se habían mantenido escondidos en la esquina de la calle—. Ya lo ves, ¡cuántos más, mejor!

A Carlos le abrieron un expediente académico y estuvo expulsado una semana. Sus padres acudieron a entrevistarse con el director y obligaron a su hijo a pedir disculpas a Carol. A final de curso le quedaron cinco créditos suspendidos. Nunca más se matriculó en la escuela.

—Te has comportado como una chica inteligente pero tal vez demasiado atrevida, Carol —le dijo el director—. Debías habernos consultado en lugar de actuar por tu cuenta. ¿Seguro que no te ayudó nadie en todo eso de la red informática?

Carol le dijo que no, que todo había sido iniciativa propia. Los miembros del club éramos personas sin nombres ni apellidos, el anticlub era una asociación secreta. Habría resultado muy sencillo colgarnos medallas durante el tiempo que actuamos, pero todos sabíamos que el día que se descubriera nuestra existencia, el club desaparecería.

LOS REGALOS DE PAPÁ NOEL

Se acercaba la Navidad, y la presidenta del club propuso ir a comer a Pans & Company el último día de clase, utilizando el dinero del fondo común. Teníamos la intención de ir después al cine, pero el presupuesto no daba para tanto.

—Podemos pedir pelas a nuestros padres para el cine, y con el fondo pagar el bocata.

El mes de diciembre pasó muy deprisa. Tuvimos una misión del club, esta vez fuera de la escuela. Glòria llegó un día a clase y nos habló de un tipo extraño que merodeaba por los alrededores.

—El tipo ronda la zapatería. Va vestido de Papá Noel, lleva una campana que toca sin parar y me parece que da caramelos a los niños.

—Seguro que le han contratado los de la tienda

—dijo Jordi—. Muchos establecimientos ponen un Papá Noel en la puerta.

—A mí me parece que no es de la tienda —le contradijo Glòria—. Se coloca unos metros más arriba o más abajo, va y vuelve, y por eso creo que nadie lo ha contratado. No invita a nadie a entrar ni da propaganda.

—¿Y por qué dices que te da mala espina, si se puede saber? —le preguntó Marc, que sentía una especial predilección por todo lo relacionado con Papá Noel.

—Me parece que es un ladrón.

—¿Cómo lo sabes? —quisimos saber los demás.

—Tal vez son imaginaciones mías —reconoció Glòria—, pero resulta que soy vecina del barrio, y he oído varias veces a las mujeres de las tiendas quejándose de que el tipo es un delincuente que aprovecha el disfraz para robar las carteras de la gente que se acerca de buena fe a pedirle un caramelo.

—¿Un ladrón? ¿Papá Noel es un ladrón?

—No, Papá Noel no, Marc —le tranquilizó Sara—. El ladrón es el hombre que va disfrazado como él, el que está delante de la zapatería.

—Ayer me quedé observándole un rato desde el balcón de mi casa —nos explicó Glòria—. Muchas personas, sobre todo padres y madres con hijos, se le acercaban, y los niños le pedían caramelos. Él los acariciaba y tocaba la campana.

—¿Y qué tiene eso de extraño?

—Nada. Pero hoy, la dueña de la peluquería le ha explicado a mi madre que ayer una clienta entró a preguntar si se había dejado por casualidad el monedero, que quizás, cuando pagó después de hacerse la permanente, lo dejó olvidado sobre el mostrador de la caja. La peluquera no había encontrado ningún monedero y le preguntó si había ido a alguna otra tienda al salir de allí, y la mujer dijo que no, que se fue directamente a casa. Y entonces una señora que estaba sentada en la butaca de lavar cabezas, le preguntó si por casualidad se había puesto a hablar con el Papá Noel de la esquina. Y resulta que sí, que antes de entrar en su casa había saludado al Papá Noel, y que éste le había dado caramelos para sus hijos. "Y si tienen la carta escrita, que me la bajen, que no esperen a última hora: en el país de Noel hay mucho trabajo estos días", le dijo. Y la mujer que se lavaba la cabeza le aseguró que no era la primera, que otras mujeres habían sufrido desapariciones de monederos o carteras después de hablar con aquel hombre.

¡Un ladrón de verdad! ¡Aquello sí que era una novedad en las misiones del club!

—Tal vez es casualidad —opinaba Jordi—. Todo el mundo piensa que ha sido él y quizás es una buena persona...

—Deberíamos comprobarlo —propuse.

Aquella tarde, los del club fuimos a verle. Debía de tener unos treinta años, pero con la barba blanca despistaba un poco. Se trataba de un Papá Noel de pacotilla, bastante torpe y sin mucha gracia. El vestido le iba estrecho, estaba descolorido y roto por las axilas. Además, fumaba sin disimulo. Se trataba de un Papá Noel pasota.

Si no reparte propaganda, ¿qué sentido tiene que este hombre esté todo el día allí parado como un pasmarote?

Decidimos a suertes quiénes serían los encargados de entrevistarlo, y los escogidos fuimos Marc, porque le hacía mucha ilusión, Mireia, Rafa y yo.

—¿Nos da un caramelo señor Papá Noel? —le pidió Mireia.

El hombre nos miró con mala cara y tiró la colilla al suelo.

—¿No sois un poco mayorcitos para ir pidiendo caramelos, chavales? —nos preguntó.

Pero enseguida se puso la mano en el bolsillo y nos ofreció un *sugus* a cada uno.

—Yo, cuando tenía vuestra edad, ya estaba buscando trabajo —murmuró.

—¿Y no encontró nunca? —le pregunté.

El hombre me miró de reojo y resopló.

—No es tan fácil...

—Pero usted ya tiene trabajo, ¿verdad? —le preguntó Marc—. ¡Es un Papá Noel!

—Santa inocencia —el hombre se rascó la barba postiza—. Pero sí, así es. Ahora trabajo de Papá Noel. ¿Qué te parece este trabajo?

—A mí de mayor me encantaría ser Papá Noel... —dijo Marc.

—¿Vas al colegio, chaval?

—Sí, señor.

—Pues mejor aprendes mucho y te buscas otro tipo de ocupación, hazme caso. Ser Papá Noel en el teatro está muy bien, pero como trabajo... No sé qué decirte —comentó el hombre.

No nos pareció un mal tipo. Un pobre desgraciado, diría mi madre, sin oficio ni beneficio. Decidimos que otro grupo iría a entrevistarle el día siguiente, y la impresión que recibieron fue la misma. Era un parado que en lugar de pedir limosna sentado en el suelo se disfrazaba y, por lo menos, ilusionaba a los críos que se acercaban a entregarle la carta de regalos que querían por Navidad.

—¡Pero no pide nada a nadie! —contaba Glòria—. Si fuera un pobre mendigo pediría dinero a la gente. O llevaría un cartel colgado explicando su situación.

—¡Yo no me imagino a Papá Noel con un cartel que ponga "Tengo mujer y dos hijos, dadme una ayuda por favor", con faltas de ortografía incluidas! —opinaba Sara.

—Seguramente confía en la buena voluntad de la gente...

—Sí, pero ¿cómo lo hace para pedir dinero si no lo anuncia? —se preguntaba Glòria—. ¿Cómo sé yo que este hombre quiere una limosna si no me la pide de ningún modo? ¡No me sale espontáneamente dar dinero a la gente que va vestida de Papá Noel!

Formamos un grupo de investigación secreta cuya misión sería rondar al personaje sin hacerse notar para descubrir si pedía o no pedía limosna a la gente con quien hablaba. Se pusieron manos a la obra al día siguiente por la tarde, al salir de la escuela. Rafa, Sara y Sònia se entretuvieron en los escaparates de las tiendas para interceptar las conversaciones que mantenía el hombre con los transeúntes. Ni una sola vez pidió nada a nadie. Sólo una mujer le preguntó si le aceptaría veinte duros, y el Papá Noel los aceptó. Pero fue la mujer quien se los ofreció, puntualizaron los del grupo espía. Él no se los pidió.

—¡Bah! No tiene importancia —dijo Jordi—. Este tío está más colgado que un jamón. Eso es todo.

Pero el lunes siguiente Glòria llegó con noticias frescas. Habían robado a otra vecina del barrio, y se había creado un grupo de damnificados que fueron a hablar con la guardia urbana para exponer sus sospechas sobre la responsabilidad del Papá Noel en el asunto. A la hora del recreo, un grupo de socios nos escapamos del *cole* para ser testigos del proceso contra el pobre desgraciado. Los escogidos, Jordi, Sònia y yo, al llegar a la zapatería, vivimos una escena de película: los guardias registraban al hombre delante del escaparate, mientras un grupo de mujeres furiosas juraban que se trataba de un ladrón y que había que echarle del barrio.

—¡Pero si yo no he hecho nada! ¡Yo sólo llevo la Navidad a las familias! —protestaba el tipo.

Los guardias abrieron el saco que cargaba en la espalda y sólo encontraron un bocadillo de chorizo y una lata de cerveza.

—¿Y las carteras, sinvergüenza? ¿Dónde has metido las carteras robadas?

—¡No sé de qué me habla, señora! —le decía el hombre a la peluquera.

Se formó un numeroso grupo de curiosos ante la escena, entre los cuales había alumnos de bachillerato de nuestra escuela. Los policías pidieron la documentación al Papá Noel y éste sacó un carnet del bolsillo de los tejanos que llevaba puestos bajo el disfraz.

—No hay pruebas para acusar a este hombre, señora —dijo uno de los policías—. Tiene la documentación en regla. Nadie puede asegurar que...

—¿Cómo que nadie? ¿Y qué me dice de todas las vecinas que han sufrido los robos? ¿No son pruebas suficientes?

—Pero nadie ha visto que el ladrón sea él.

—¡Pues yo estoy segura de ello! —afirmó, rotunda, la peluquera.

Los guardias aconsejaron al hombre que eligiera otra acera, que se fuera a otro barrio.

—¡Pero yo no he hecho nada y soy libre de ponerme donde quiera!

—Puestos a hablar, le diría que no tiene ningún permiso del Ayuntamiento para pedir nada a nadie en medio de la calle.

—¡Pero es que yo no pido nada! Simplemente represento el espíritu de la Navidad. ¿Está prohibido esto? ¿Es acaso un delito?

Se oyeron gritos y amenazas. Una mujer llegó a decir que si estaba loco que lo encerraran. Los guardias, amablemente, recomendaron al hombre salir de la zona durante unos días, hasta que se tranquilizaran los ánimos.

—¡Me iré, pero tienen que saber que cometen una injusticia conmigo!

Se había quitado la barba postiza y recogía el saco del suelo. Nosotros regresamos corriendo al *cole*, ya que estaba a punto de sonar el timbre, y nos pescó la *profe* encargada de vigilar el recreo.

—¿De dónde salís vosotros, si se puede saber? ¿No sabéis que los de la ESO tenéis prohibida la salida a la hora del recreo? Hablaré con vuestro tutor.

Le dijimos que habíamos ido a comprar golosinas al quiosco.

—Hablaré con vuestro tutor —repitió.

Dos días después, Jordi, Rafa y yo volvíamos juntos hacía casa cuando nos encontramos, tres calles más abajo del cole, al Papá Noel en el exilio.

—¡Es él! ¡Todavía anda por aquí!

—Hacía como siempre. Tocaba la campana, hablaba con la gente que se detenía y daba caramelos a los pequeños.

—¿Nos da un caramelo?

—¿No os parece que sois un poco mayorcitos para ir pidiendo caramelos, chavales?

—Eso ya nos lo dijo la semana pasada, cuando estaba en la esquina de arriba —dijo Rafa.

Nos observó con cara de pocos amigos, como era habitual.

—Sabemos que lo echaron de allí porque decían que era un ladrón. Nosotros lo oímos todo —añadí yo.

—No debéis hacer caso de lo que dice la gente ignorante. Tienen miedo, y el miedo es la cosa más indicada para convertir a una persona en imbécil.

—¿Usted es un mendigo?

—¿Dónde pone eso?

—En ningún sitio. Pero es raro que haga este trabajo sin recibir beneficios —le dijo Jordi.

—Quizás es que no tengo otra cosa mejor que hacer.

—¿No trabaja?

—No puedo.

—¿Por qué?

—Porque no. No me dejan trabajar.

—¿Está en el paro?

—No exactamente. ¿Para qué lo queréis saber, chavales?

—Porque estamos convencidos de que usted no es un ladrón —dijo Rafa.

—Así es. No lo soy. Podríamos decir que soy un inválido. Y puesto que me obligan a estar de baja, me dedico a interpretar al Papá Noel.

—¿Y cobra?

—¿Por hacer de Papá Noel? ¡No, qué va!

—Por estar de baja, quiero decir.

—Sí, poco, pero cobro algo. Pensión de invalidez, le llaman.

Nos contó que aquella calle era aburrida ya que no pasaban niños.

—La otra calle era mejor. Cerca había una escuela.

—¡La nuestra!

—Siempre pasaban madres con niños. Aquí me aburro, pero al parecer me quieren y no me echan.

—¿Y qué es eso del espíritu navideño? ¿Por qué lo hace?

—Ya os lo he dicho. No tengo otra ocupación. Y lo que hago me gusta. No parezco yo, un pobre inútil, sino otro, un hombre poderoso y capaz de todo.

—Marc, un amigo nuestro, todavía cree en Papá Noel.

—Y hace bien. Hay que creer en él, si no yo no estaría aquí. Lo que es, es. Yo estoy aquí, disfrazado, pero estoy, luego existo. Mi personaje existe.

No entendimos qué quería decir exactamente, pero en parte tenía razón. Aquella semana todos los miembros del anticlub visitamos al espíritu de la Navidad, y el dinero de la comida en Pans & Company lo inverti-

mos en comprar papel pinocho para hacernos un disfraz de Papá Noel. Al salir del *cole* el último día de clase, fuimos a buscar al hombre y le propusimos hacerle compañía durante un rato, todos vestidos como él, y no en esa calle poco transitada sino en la otra, delante de la zapatería.

La verdad es que nos dio un poco de vergüenza, sobre todo a Glòria, que era vecina de la calle, y a Sara, que como no había suficiente papel pinocho para cubrirla entera, llevaba sólo un delantal de Papá Noel. Daba gusto vernos: nos íbamos pasando la campana para hacerla sonar, y el hombre, complacido y rodeado de tanta descendencia repentina, presumía de espíritu navideño empujando la silla de Víctor arriba y abajo por la calle.

Antes de despedirnos de él para irnos al cine, la peluquera salió de su establecimiento y ofreció una botella de cava a José Francisco, que así se llamaba el hombre de la pensión de invalidez.

EL PUÑETAZO

El mes de febrero de aquel curso sucedió algo extraño: se produjo un estallido generalizado de violencia. Las profesoras de vigilancia decían en el banco que la culpa era del tiempo, que los chiquillos son como el sembrado y necesitan agua. Hacía meses que no llovía, desde antes de Navidad, si no recuerdo mal. Y el recalentamiento de la atmósfera producía, según las profesoras, un estado de inquietud y susceptibilidad que afectaba a la mayoría de los alumnos.

Nadie se entendía con nadie. En clase nos portábamos mal y hacíamos que los profes se enfadaran con nosotros. Ellos, a su vez, todo hay que decirlo, tampoco exhibían un humor resplandeciente. Entonces nos castigaban, y nosotros nos portábamos peor todavía. Los de segundo de ESO no nos entendíamos con los de primero ni con los de tercero, y entre nosotros las peleas estaban a la orden del día.

El estado general afectó al anticlub. De repente, Glòria se alió con Mireia contra Marc; Rafa y yo acabamos aceptando que no nos entenderíamos jamás con Jordi, quien, por cierto, había roto con Sònia. Ésta anunció que estaba harta de ir con una panda de tontos y que pasaba del club; Sara se enemistó con todos y buscó consuelo en brazos de Lidia Roca, una niña a quien nunca habíamos soportado. El único que estaba bien con todos los demás era Víctor, y por eso sólo él se acercaba cada día al banco de piedra del patio. Si con él estaba Sònia, ni Sara ni Jordi se acercaban; si era Marc quien le hacía compañía, Glòria y Mireia se iban a jugar con otros compañeros. Si Jordi se sentaba, Rafa y yo desaparecíamos.

Y como broche final apareció Óscar Pey. Óscar hacía tercero, como Sònia, había repetido dos cursos y ya tenía moto. Melena, cazadora de cuero, pantalones estrechos y botas de *skin* aunque no lo fuera. Había salido con todas las niñas monas de tercero, y antes lo había hecho con todas las compañeras aprovechables de los cursos precedentes. Algún día le iba a tocar a Sònia, y ese día fue el 14 de febrero, el día de los enamorados. Se le acercó, le dijo que estaba loco por ella y le pidió que saliera con él.

Sònia no le dijo ni que sí ni que no; que se lo tenía que pensar. Sònia se lo explicó a Mireia, Mireia a Glòria, Glòria a Rafa, Rafa a mí, yo a Sara y a Víctor, y el último en enterarse fue Jordi.

—Me importa una mierda. Yo ya no salgo con ella.

Los demás pensamos dos cosas: que a Jordi sí que le importaba y le dolía, y que Sònia le diría que no a aquel chulo. Nos equivocamos en la segunda.

Jordi le advirtió a Sara que si "esa estúpida" continuaba siendo miembro del anticlub, él se saldría. Rafa y yo dijimos que mejor así, que Jordi entorpecía el clima de entendimiento entre los demás. Glòria dijo que si Jordi se iba y Marc se quedaba, ella y Mireia se borrarían. Sara, que volvía a ser la presidenta porque nadie más había presentado candidatura, nos dio un papelito a cada uno en el que debíamos contestar a una única pregunta: "¿Quieres que desaparezca el anticlub?". La respuesta tenía que escribirse en el papel y devolverlo a la presidenta para hacer el escrutinio. El resultado fue de 6 a 3 a favor de la desaparición.

—Tendréis que pasar por mi casa para firmar el acta de defunción —nos advirtió Sara.

—¡Qué manera de decirlo, tía!

—Las cosas se llaman por su nombre —contestó ella.

Algunos de nosotros aún no habíamos firmado el documento cuando ocurrió el episodio del puñetazo. Sucedió a la hora del patio, y en teoría nadie lo vio. Pero Jordi entró en clase con cinco minutos de retraso y pidió permiso a la profesora para ir a curarse la herida.

—Pero ¿de dónde vienes? ¿Qué te ha pasado?

La nariz de Jordi era un surtidor de sangre. Despeinado, con indicios evidentes de haberse peleado con alguien, la sangre le bajaba por el cuello hasta la camisa.

—He caído jugando a fútbol.

Pronto se descubrió la mentira: alguien le había golpeado a conciencia durante la media hora de recreo, y Jordi no quiso denunciar a su agresor. Fuera quien fuera, Jordi se había llevado la peor parte, ya que ningún otro chico o chica se presentó en un estado semejante aquel mediodía.

—A ver, Jordi —le decía la jefa de estudios—, una cosa es la lealtad, y otra es ser bobo. Di quién te ha zurrado y luego ya arreglaréis las cosas entre vosotros.

—No es necesario. Ya las hemos arreglado.

—Pues parece que el otro las ha arreglado mejor que tú...

Sospechamos de Óscar, el de tercero, y cuando terminó la clase corrimos a comprobarlo. Óscar estaba sentado al lado de Sònia, fresco como una rosa. Sara la llamó a ella desde la puerta de la clase.

—¡Sònia, ven! ¿Te has enterado de lo ocurrido?

Sònia encogió los hombros.

—¿Qué?

—Alguien le ha pegado a Jordi. Le han dado un puñetazo en la nariz.

El director había dado permiso al herido para irse a casa.

—Espero que medites sobre ello y cuando vuelvas esta tarde nos digas quién y por qué. ¿Entendido?

Todos enemistados, el club en peligro de extinción y, como guinda final, Jordi a puñetazos con un agresor sin identificar. Y no llovía.

Mi madre me dijo que tenía que llamarle, que nos habíamos convertido en buenos amigos, y aunque estuviéramos peleados no había ningún motivo para no llamarle y preguntarle cómo estaba. Me costó, pero lo hice.

—No me pasa nada. Estoy bien. No sé para qué me llamas.

—Si te pones en este plan, cuelgo.

—Pues cuelga.

—Pues vete a la mierda.

—A la mierda te vas tú.

Ésa fue, palabra más, palabra menos, la que debía ser nuestra charla de reconciliación.

—Tendríamos que investigar quién ha sido, y darle un escarmiento —propuso Sara.

—Tal vez sí, pero resulta que el anticlub ya no existe —le dijimos.

—Existirá mientras no se hayan firmado las actas.

Aquel modo de ser tan burocrático de Sara nos sacaba de nuestras casillas, pero por una vez tenía razón. A la mañana siguiente, en el banco del patio, nos juntamos todos de nuevo. Bueno, casi todos: faltaban Jordi y Sònia.

—Jordi no tiene la intención de explicar lo que pasó. A mí me colgó el teléfono cuando le llamé —dije yo.

—Entonces la misión del anticlub consistirá en averiguarlo utilizando otros métodos.

Hicimos una reconstrucción de los hechos como en las películas de asesinatos. El día del puñetazo, vimos que Jordi salía de clase y se reunía con Gerardo y Lluís, que tenían el balón de fútbol. Mireia aseguró que lo había visto jugando en la pista cuando fue a hablar con su prima, que estaba en quinto de primaria y jugaba en el patio de arriba.

—Dividiremos el trabajo —propuso Sara—. Los del grupo A tienen que hablar con Gerardo y Lluís para saber en qué momento Jordi dejó de jugar a fútbol con ellos, y preguntarles si vieron hacía dónde iba. Los del grupo B, vamos a investigar el entorno de Óscar, que es el principal sospechoso. Yo he hablado con Sònia, y me ha dicho que no estuvieron juntos durante el recreo ya que ella tenía que estudiar para el examen de música. ¿Dónde estaba Óscar? ¿Con quién?

—Yo buscaré rastros de sangre por el suelo —anunció Marc—, así sabremos dónde le pegaron.

Yo participé en la operación A, o sea, preguntar a Gerardo y compañía.

—Estaba jugando con nosotros contra los de cuarto de ESO, y de repente nos dijo que se iba a meter de portero, no sé por qué; Jordi juega mejor de delantero que de portero —nos explicó Gerardo, y Rafa y yo asentimos con la cabeza como si entendiéramos de fútbol—. Y cuando Raimon Rierola chutó a puerta, resulta que el portero, o sea Jordi, ya no estaba, había desaparecido y había dejado sola la portería, el muy cabrón.

—¿Y adónde fue?

—¡Yo qué sé! Todavía no nos ha dicho nada.

El resto del equipo sabía lo mismo que Gerardo. Jesús Collantes, de cuarto, le había visto salir disparado en dirección al patio de atrás.

—¿Y no le dijiste nada?

—¿Qué iba a decirle? Mejor para nosotros que se fuera. ¡Así podíamos marcar más goles!

Los niños que jugaban en el patio de atrás eran demasiado pequeños para aportar información.

—¿Visteis pasar un chico corriendo?

—¿Cuándo?

—Anteayer.

—¿Y cuándo era anteayer?

—Pues ayer no, el día antes de ayer.

—¿Y dónde estaba el chico que corría?

—Pasó por aquí.

—¿Y adónde iba?

El grupo B preguntó a Sònia si había averiguado alguna cosa.

—¿Ya volvéis a jugar a investigadores cutres? Pensaba que se había terminado la chorrada esa del anticlub...

—Dejará de existir cuando no haya cosas que nos molesten, y cuando desaparezcan los amigos que luchan por sus amigos —contestó Sara con orgullo—. De momento no ha ocurrido nada de eso.

Sònia había hablado con Óscar, que ni siquiera se había enterado de que habían pegado a Jordi.

—Él no tiene nada que ver con esto, y si sólo habéis venido a preguntarme porque yo y él...

—No hemos venido por nada en particular —la interrumpió Glòria— Sólo nos preocupa lo que le ha pasado a Jordi.

—Si él no quiere decirlo, por algo será. Yo, en vuestro lugar, no metería las narices donde no me llaman.

—Ésta sabe más de lo que cuenta —opinaba Sara—. Creo que está encubriendo al tío que lo hizo. Pero si no fue Óscar, ¿quién fue?

Las operaciones A y B quedaron interrumpidas en un callejón sin salida. Óscar no sabía nada, y la última persona que vio a Jordi aquella mañana fue Jesús Collantes de cuarto de ESO.

—¿Hacia el patio de los pequeños? ¿Y no lo vio pasar ninguna profesora? —nos preguntó Mireia.

—Sólo hemos hablado con los niños y niñas, y no sabían nada.

Mireia tenía razón: tal vez pudo verle una profesora de primaria. Sara, que era amiga de todo el mundo, las atacó una por una al día siguiente durante el recreo. Ninguna de ellas se había fijado.

—¡Un momento! —exclamó de repente Glòria mientras Sara nos daba las últimas noticias pesimistas al salir de clase—. ¡Yo sé algo!

—¿Qué? —preguntamos todos a la vez.

—¡Me parece que ahora lo entiendo todo!

—¿Qué? —repetimos, intrigados.

—Jordi tiene un rincón secreto arriba, en el patio de los pequeños —nos explicó Glòria—. Acude allí para encontrarse con alguien en particular. ¡Se trata de un lugar de reunión!

—¿De reunión de quién?

—¡Pues de él y Sònia! A las tres y media, antes de las clases de la tarde, Jordi y Sònia se encuentran en el rincón que os digo, me lo explicó ella misma. Se esconden detrás de los pilares de la pared, al fondo del patio. Sònia fuma, y él la mira, y se dicen cosas privadas.

—¿Y tú crees que Jordi se fue hacia su rinconcito durante el recreo?

—¡Claro! ¡Seguro que tenía una cita!

—¿Con Sònia?

—¡Pues claro! ¡Es la única que conoce el lugar¡

Nos quedamos de piedra. ¿Sònia pegó a Jordi? ¿Le pegó un puñetazo y le hizo sangrar por la nariz?

—¿Y él no le devolvió el golpe? —preguntó Marc.

—Seguro que no. Jordi la quiere demasiado, nunca la pegaría.

—¡Ella se puso las botas! —dije yo, que había oído la expresión a menudo en labios de mi madre.

El anticlub actuaba de nuevo: tenía la primera misión romántica de su historia. Víctor picó dos mensajes en el ordenador de su casa, uno para Sònia y otro para Jordi. Yo fui el encargado de dejarle el suyo a Jordi, dentro de la mochila, y Mireia entró en la clase de tercero para dejar el otro en el bolsillo de la cazadora de Sònia.

"Me parece que tenemos que vernos. Siento lo que pasó el otro día, me comporté como una estúpida. Podemos quedar mañana en el mismo sitio y a la misma hora. S.", decía uno de los mensajes; "Querría hablar contigo sin pelearnos. He estado pensándolo mucho. Si todavía te consideras mi amiga, ven mañana al mismo lugar y a la misma hora. J.", decía el otro.

Los miembros del club buscamos una posición privilegiada. Nos escabullimos, por grupos, de las profesoras de vigilancia del patio y subimos al tercer piso. Nos encerramos todos juntos en el lavabo de las chicas, el que tenía mejores vistas hacía la zona donde se iba a producir el encuentro. La verdad es que la silla de Víctor ocupaba prácticamente todo el espacio y tuvimos que colocarnos los unos encima de los otros, apoyados en la silla de ruedas.

Jordi llegó el primero, controló que nadie lo viera y, en cuclillas detrás de uno de los pilares, esperó la llegada de Sònia. Nosotros estábamos nerviosos: habían pasado casi diez minutos y ella no acudía a la cita.

—¡Pobre Jordi! —murmuró Mireia, que era muy sentimental.

—Tal vez Sònia no recibió el mensaje.

Pero pasados cinco minutos la vimos acercarse a través del patio de los pequeños. Se dirigió hacia el rincón secreto, descubrió a Jordi agachado, y fue a sentarse junto a él. Estuvieron unos minutos en silencio, luego Jordi le dijo no sé qué y ella le miró. Sònia encendió un cigarrillo. Jordi habló y ella bajó la cabeza. Luego Sònia tiró la colilla y él la acarició.

—¿Se puede saber qué estáis haciendo aquí dentro?

La puerta del lavabo se abrió de golpe y, recortada su silueta en el marco, descubrimos a una de las profesoras de vigilancia.

—Pero ¿qué os habéis creído? ¿No sabéis que no podéis estar aquí arriba, y menos encerrados en un lavabo?

Mientras desfilábamos uno tras otro en fila india, la oímos murmurar.

—¡Y parecían tontos!¡ Toma ya con los siete magníficos! ¡Ver para creer!

LA REVISIÓN MÉDICA

Sònia y Jordi, juntos, acudieron al banco de piedra al día siguiente.

—Veo que estamos todos —dijo Sònia—. Eso significa que el club todavía existe.

—¡Existe y actúa! —precisó Rafa sonriendo.

—Controla que no haya peleas entre sus miembros... —añadió Sara—. O ex miembros —puntualizó guiñando el ojo.

—¿Haciendo de palomas mensajeras? —preguntó Sònia. Y enseguida se volvió hacia Jordi—. ¿Ves como tenía razón? ¡Fueron ellos!

Jordi anunció que si el club no se había extinguido, ellos querían seguir formando parte de él, y todos lo celebramos. Teníamos que concertar una nueva reunión para aclarar las cosas, nombrar a un nuevo presidente o presidenta y elaborar una lista de nuevas acciones anti. Y antes de que la reunión se produjera, un acontecimiento imprevisto forzó la intervención del club, que se vio obligado a actuar precipitadamente y sin tiempo para planificar la acción adecuada.

Como cada dos años, y de un día para otro, se nos anunció una revisión médica en la escuela. Conocíamos su funcionamiento: llegaban los doctores, ocupaban una de las mayores aulas del edificio y, por clases, todos los alumnos del centro pasábamos por el consultorio improvisado donde nos hacían una revisión más o menos superficial de cómo funcionaba nuestro organismo. Los días que tocaba revisión, las madres y los padres procuraban ponernos ropa interior nueva, y si no podía ser nueva, como mínimo limpia: delante de los doctores, y en fila, teníamos que desfilar en calzoncillos, calcetines y camiseta los chicos, y en braguitas, calcetines y camiseta las chicas. La mayoría de ellas ya llevaba sujetador, y alguna, como Verónica Llàtzer, llevaba uno bien reforzado: sus pechos eran tan grandes que la llamaban "la doble *airbag*".

Aquel año habilitaron el aula de tecnología: arrinconaron las mesas y en el centro desplegaron una mampara. A la hora convenida, el profesor paró la clase y nos acompañó al aula. Al entrar nos teníamos que dividir en dos grupos: los chicos formábamos una hilera, y las chicas otra. La mampara dividía el espacio en dos: en uno se hacía la revisión a los chicos y en el otro a las chicas. Los doctores llamaban por orden alfabético, tres alumnos cada vez; tenías que quitarte el jersey o la camisa, los zapatos y los pantalones. Entonces se hacía una especie de rueda: el primero de los tres se dirigía al rincón donde estaba el doctor que revisaba oídos y ojos; el otro era atendido por el especialista de estómago y pulmones, y el tercero pasaba por el médico que comprobaba los reflejos en las extremidades y miraba los genitales. En cinco minutos cada chico pasaba por los tres doctores, y cuando volvía a la silla para recuperar la ropa, entraba el terceto siguiente.

Mi apellido es Tobella, y por tanto me tocó pasar la revisión en uno de los últimos grupos de mi clase, junto a Téllez y Vilá. Santi Vilá era un chaval que repetía curso, uno de los que armaban follón en segundo de ESO. Mientras esperábamos nuestro turno, acercó sus labios a mi oreja para hacerme una confidencia.

—Oye, Tobella. ¿Tú crees que las chicas se quitan las bragas?

Le dije que no tenía ni idea, que era posible que los doctores y doctoras comprobaran que todo estaba en su lugar, como hacían con nosotros.

—¿Y te parece que si me tumbo en el suelo podré verlas por debajo del biombo?

Antes de escuchar mi respuesta, Santi Vilá se desplomó a mi lado, de cara al suelo, con el rostro encarado hacía el sector femenino.

—¡Uau¡ —oí que exclamaba.

Enseguida se acercó el médico de ojos y oído, el que teníamos más cerca, y que en ese momento estaba enfocando la pupila de Rafa con una linterna en forma de bolígrafo.

—¿Qué ha sucedido? —preguntó.

Santi Vilá me guiñó el ojo desde el suelo.

—No lo sé —mentí—. Santi se ha caído.

El médico se agachó y el espía profirió una especie de quejido.

—Me he mareado, doctor.

Acudieron los otros dos facultativos, que dejaron a medias a sus pacientes.

—Este chaval se ha desplomado. Debe de ser una bajada de tensión.

—¿Te mareas a menudo, chico? —le preguntó uno de ellos.

—Sí, siempre que voy al hospital —se quejó Santi.

—¡Pero esto no es ningún hospital! ¡Vaya chaval más aprensivo!

Y mientras tanto Santi no quitaba ojo a lo que sucedía al otro lado de la mampara.

Le ayudaron a incorporarse y lo llevaron hasta una camilla con ruedas.

—Túmbate aquí —le ordenó uno de los doctores.

—Oh, no, doctor, por favor. Cuando me pasa eso, mi madre me deja tumbado en el suelo. Encima de algo me mareo más todavía.

Mientras los doctores me hacían la revisión, Santi estuvo tumbado en el suelo mirando por debajo del biombo. Y cuando terminamos los de segundo, Santi todavía se encontraba mal, y allí se quedó mientras entraban los chicos y las chicas de tercero.

Cuando volvíamos a clase se lo conté a los del grupo. Las chicas estaban indignadas, especialmente Sara.

—¡Qué imbécil! ¿Cómo ha sido capaz de engañar a los médicos? ¡Vaya cerdo! ¡Voy a contárselo inmediatamente a la doctora!

—¿Y por qué no lo escarmentamos? —propuso Glòria— ¿Qué podríamos hacer para avergonzarlo delante de todos?

Dicho y hecho. Glòria subió corriendo las escaleras y volvió al aula de tecnología. Sònia estaba haciendo cola, esperando su turno entre las de su clase, y Glòria la informó de la presencia de Santi Vilá ejerciendo de espía. Las dos vieron, por debajo de la mampara, el rostro de Santi con los ojos bien abiertos observando a las niñas que eran atendidas por los médicos en aquel momento. Se había colocado de tal manera que nadie se daba cuenta de la trastada.

—¡La madre que lo parió!

Glòria reveló a Sònia el plan que habíamos tramado.

Cuando le tocó el turno, Sònia habló con la doctora.

—Doctora, disimule, pero escuche bien lo que voy a decirle. ¿Ve al niño que mira por debajo de la mampara? ¡Disimule! Pues este cafre es de segundo de ESO, y ha simulado que se encontraba mal y se mareaba para poder mirar mientras tanto la zona de las chicas. Me lo ha contado un amigo de segundo que ha visto cómo ese imbécil preparaba todo el montaje.

La doctora observaba, incrédula, a Sònia, y de vez en cuando echaba una ojeada a la cabecita de Santi Vilà que seguía tumbado en el suelo, al otro lado del separador.

—¿Estás segura de eso?

—¡Pues claro! Usted no conoce a ese desgraciado... ¿Podríamos hacer algo para dejarle en ridículo? ¡Creo que ese cerdo se lo merece!

La doctora esbozó una sonrisa.

—Espérate aquí. Ahora vuelvo.

Y se dirigió hacia el sector masculino. Sònia controlaba la cabeza de Santi. De repente ésta desapareció: le habían obligado a incorporarse. Enseguida volvió la doctora.

—Se lo he contado a mi compañero. Ya está todo arreglado. Ahora mismo le hacen la revisión.

—¿Y no van a hacer nada para escarmentarle?

A la hora del recreo nos reunimos en el banco.

—¿Y no le han hecho nada?

—Parece que no —explicó Sònia—. ¡El niño se ha salido con la suya!

—¡No es justo! —exclamó Sara, que parecía realmente preocupada por el hecho de que Santi la hubiera visto sin ropa—. ¡El anticlub debería luchar contra esa injusticia!

Tramamos un plan precipitadamente, que igual podía resultar un éxito que un fracaso.

Sònia fue a buscar a Santi Vilá, que jugaba a fútbol en la pista.

—¿Tú eres Vilá, el de segundo?

Él asintió con la cabeza.

—Vengo de parte del doctor de la revisión. Dice que vuelvas ahora mismo, que te van a hacer una prueba por eso del mareo.

—¡Pero si ya me encuentro bien!

—¡Chico, a mí que me cuentas! Me ha dicho el doctor que tienes que volver ahora mismo y que te van a mirar no sé qué.

Santi rezongó, enfadado, y se dirigió hacia el aula de tecnología. Mientras tanto, Rafa y yo habíamos acompañado a Víctor y le habíamos dejado solo en el improvisado consultorio. Tuvimos la suerte de que no había nadie: los médicos se habían ido a tomar un café.

Santi se encontró con Víctor en su silla esperando en el consultorio.

—¿Qué haces tú aquí?

—A mí me van a hacer una revisión especial.

—Ah.

—¿Eres tú el del mareo? —le preguntó Víctor.

—Sí, pero ya estoy mejor.

—El doctor me ha ordenado que te dijera que te desnudes y entres en ese despacho de la derecha —le dijo Víctor, señalando con la barbilla el seminario de tecnología—. Me ha dicho que te quites toda la ropa y que entres allí, donde tienen los materiales para hacerte una prueba.

Santi le miró con recelo.

—¡Apresúrate! ¡El doctor te está esperando! —exclamó Víctor.

Santi se quitó la ropa y se quedó en calzoncillos.

—El doctor ha dicho "toda la ropa". Los calzoncillos también. Me parece que quieren hacerte una radiografía.

—¡Pero si no ha sido nada! ¡Me encuentro perfectamente!

—¡Cuéntaselo a él! Yo sólo te digo lo que me ha dicho.

Santi se quitó los calzoncillos.

—¿Allí? ¿En el despacho?

—Sí, allí te harán la prueba.

Fue una lástima no poder ver la cara que habrán puesto los profesores reunidos en sesión de preevaluación cuando Santi Vilá entró completamente desnudo en el despacho de tecnología. Rafa y yo, mientras corríamos empujando la silla de Víctor hasta el ascensor, oímos cómo se disculpaba, muerto de vergüenza, y preguntaba si sabían dónde estaba el doctor que le iba a hacer las radiografías.

EL EXAMEN FANTASMA

La profesora de *mates* se enfadó con toda la clase un mes antes de los exámenes finales del crédito.

—¡Me habéis decepcionado! Creía que a final de curso os daríais cuenta de que es necesario un esfuerzo, pero veo que todo sigue igual. ¡Para aprobar *mates* no basta con asistir a clase!

Sara levantó el brazo.

—¡Yo estudio en casa, señorita! ¡Cada día! —protestó.

—¡No me lo creo, fíjate en lo que te digo! ¡Ni de ti me lo creo! Has bajado tu rendimiento. ¡Os estáis convirtiendo en una pandilla de vagos!

No tenía razón. El nivel del crédito era alto, en eso estábamos todos de acuerdo, y teníamos que estudiar más, en eso también estábamos de acuerdo. Pero muchos de nosotros hacíamos los problemas que nos ponía como deberes, y nos esforzábamos estudiando antes de los exámenes.

—A partir de hoy voy a poner un examen cada semana. Y quien no los supere, que se vaya olvidando de aprobar el crédito.

Sara estaba furiosa cuando salimos aquella tarde.

—¡No es justo! ¡Con todo el trabajo que tenemos sólo nos faltaba un examen semanal de *mates*!

Mireia y Glòria estaban de acuerdo con ella. Rafa y yo no dijimos nada; Víctor no tenía ningún problema a la hora de preparar los exámenes ya que las *mates* se le daban muy bien. Y a Marc le daba lo mismo.

—¡Claro, como tú eres un ACI, todo te importa un rábano! ¡A ti siempre te ponen ejercicios más sencillos!

La semana siguiente tuvimos el primer examen. La mejor calificación fue la de Sara, un 4, y así y todo se puso a llorar cuando la *profe* leyó las notas al día siguiente.

—¡Se ha pasado cantidad! —comentamos en el banco de piedra—. ¡Ese ejercicio no lo sabe hacer ni ella!

Las chicas decidieron incrementar las horas de estudio, y el sábado, que había reunión en casa de Víctor, no se presentaron.

—Estamos estudiando *mates* —fue la excusa que nos dieron cuando las llamamos.

La reunión se suspendió. Sònia y Jordi se fueron a pasear, y Marc se puso a dibujar con el *Paint* en el ordenador de Víctor.

—¡Se volverán locas con tantas *mates*! ¡Y el club se irá a la porra!

Las notas del examen del martes siguiente fueron peores. Y no sólo eso, sino que Jordi y Víctor, con un 3,75 cada uno, superaron a Sara, que sólo obtuvo un 3,25, circunstancia que la indignó de tal modo que, aparte de llorar y ponerse enferma durante dos días, convocó una reunión extraordinaria del anticlub para hablar sobre el tema. Acudimos a su casa y la encontramos tumbada en la cama como una moribunda.

—Siento que me voy a morir. ¡La vida no tiene sentido para mí si vivo obsesionada con las *mates*! Traedme un vaso de agua, por favor, que estoy perdiendo las fuerzas...

Hacía teatro, y los demás la contemplábamos atónitos. Sònia se puso muy nerviosa y le cantó las cuarenta.

—¿Vas a dejar de hacer el tonto? ¿No te das cuenta de que haces el ridículo? ¡Es imposible que te mueras con toda la grasa que tienes!

Sara la miró con los ojos fuera de las órbitas y la echó de la habitación.

—¡Sólo me faltaba eso! ¡Que mis amigos me pierdan el respeto!

Jordi convenció a Sònia de que se quedara y entre todos tranquilizamos a la enferma. Cuando Glòria propuso una acción del anticlub dirigida contra la *profe* de *mates*, Sara se reanimó al instante, y al cabo de unos minutos ya había saltado de la cama y, en pijama, organizaba todo el jaleo.

Esta vez necesitábamos la complicidad de los compañeros de clase para llevar a cabo la acción. Víctor, Jordi y yo nos encargamos de reunirlos a todos una mañana al finalizar la clase de educación visual y plástica.

—¿Qué hacéis sentados todavía? ¡La clase ha terminado! —exclamó, sorprendido, el profesor.

—Queremos hablar del festival de final de curso. ¿Te importa si nos quedamos un rato en el aula?

Jordi, cuando terminó de exponer el caso, consiguió la colaboración de todos. La acción anticlub tendría lugar el martes siguiente, durante el examen semanal. Víctor había conseguido un examen resuelto de segundo de bachillerato, uno de aquellos ejercicios de Selectividad sobre un tema que jamás habíamos tratado en la ESO. Cada uno de nosotros debería aprenderse de memoria el ejercicio para poder transcribirlo, sin ningún fallo, en la hoja de examen que cada martes nos entregaba la profesora.

Aquel martes, antes de la prueba, todo el mundo repasaba y memorizaba la distribución de los signos y números extraños. Marc recibió el apoyo de Víctor y Sara, que le ayudaron a identificar el ejercicio con un juego.

—Tienes que escribirlo tal como te hemos enseñado, Marc. No puede faltar ni un punto. Si lo consigues, ganarás el juego.

La profesora repartió las hojas de examen y escribió el enunciado de una ecuación en la pizarra.

—A ver si hoy conseguimos superar las notas nefastas de la semana pasada.

En medio de un silencio sepulcral, toda la clase transcribió, número a número, el complicadísmo problema de bachillerato.

—¡Parece que hoy no tenéis dudas! ¡Quiero pensar que es buena señal! —comentó la profesora.

Al día siguiente llegó pálida a clase. Pálida y confundida.

—Me parece que me debéis una explicación.

Todos la miramos sorprendidos.

—¿Tan mal ha ido, señorita? —preguntó Jordi.

—No estoy para bromas. ¿Alguien va a explicarme qué ha pasado?

Nos mirábamos unos a otros como si no entendiéramos de qué estaba hablando.

—Quiero saber quién ha sido el artífice de esta broma de mal gusto. ¡Y quiero saberlo ahora mismo!

Nadie abrió la boca.

—¡O sea que no hay ningún responsable! ¡O sea que mi clase excelente de segundo de ESO, de manera milagrosa, ha adquirido un nivel extraordinario de matemáticas y se siente capacitada para resolver logaritmos y derivadas!

—¿Significa eso que hemos aprobado, señorita? —preguntó Glòria.

—Significa que mañana tenéis otro examen, y que si no aprobáis convocaré una reunión con vuestros padres y el director y expondré lo que está pasando aquí. Ahora sacad los cuadernos.

—¿No nos dice la nota?

La expresión de la profesora fue muy significativa.

Estaba desorientada y tenía miedo. Cuando salió de la clase, Víctor repartió otro examen resuelto de bachillerato.

—Esta vez lo tenemos más difícil. Nos lo tenemos que aprender para mañana.

Algún compañero se mostró preocupado e insinuó que tal vez no era buena idea seguir con la broma.

—¡O lo hacemos todos o ninguno! —dijo Sara—. Hemos empezado, y ahora no podemos echarnos atrás.

Finalmente todos aceptaron.

—¿Hay que jugar a aprender números raros hasta final de curso? —me preguntó Marc.

Aquella noche le invité a dormir a mi casa. Después de la cena y hasta las tres de la madrugada estuvimos ensayando la colocación correcta de los signos.

A la mañana siguiente la profesora se paseaba entre las mesas mientras hacíamos el "examen". No se lo podía creer.

—¿Me estáis tomando el pelo, verdad? Es lo que pretendéis, ¿no? ¿Queréis dejar de escribir esos números?

—Estamos haciendo el ejercicio de la pizarra, señorita...

—¡Eso, el de la pizarra es el que tenéis que hacer, bobos!

Estaba nerviosísima, y nosotros seguíamos con la comedia: nos mirábamos unos a otros extrañados, y a ella la contemplábamos con respeto y prudencia, igual que se mira a un loco.

—¡Basta, basta! —chillaba, hecha una furia— ¡Voy a avisar al director!

Nos dejó solos. Tuvimos la suerte de que Víctor sabía resolver la ecuación de la pizarra, y desde su silla nos dictó, paso a paso, cómo se hacía. Sara ayudó a Marc a copiarla. Escondimos la hoja donde realizábamos el ejercicio de Selectividad, y cuando llegó la profesora acompañada del director teníamos sobre la mesa otra nueva con el ejercicio de la pizarra a medio terminar.

La cara de la mujer estaba desencajada y el director le recomendaba que se tranquilizara.

—¡Me están poniendo a prueba! ¡Se me están riendo en la cara!

El director nos ordenó que dejáramos de escribir.

—La profesora me ha dicho que en esta clase tiene un grave problema. ¿Alguien puede explicármelo?

Los compañeros, simulando estar desconcertados, nos encogimos de hombros.

—No sé a que se refiere, señor director —murmuró Verónica, que estaba sentada en primera fila.

—Eso es lo que quiero saber. ¿Qué demonios estáis haciendo? —insistió el hombre.

—Resolvemos el ejercicio que la profesora ha escrito en la pizarra.

—¡Me toman el pelo! ¡No sé como lo hacen, pero están copiando unos problemas de matemáticas que yo no he explicado nunca en clase!

El director cogió la hoja de examen de Mireia, la chica que tenía más cerca. Se puso las gafas, leyó el enunciado, miró hacia la pizarra y constató que se trataba del mismo enunciado que la profesora había escrito con tiza. Devolvió la hoja a Mireia y cogió la del chico que se sentaba a su lado. Realizó la comprobación de nuevo y luego se dirigió a la profesora.

—¿Te encuentras bien, Josefina?

—¿Qué quieres decir con eso?

El director cogió una hoja de examen más. El enunciado era el correcto, y el ejercicio también.

—Estos chicos y chicas están haciendo el ejercicio de la pizarra. Y lo están haciendo bastante bien, por lo que he podido observar. Toma, compruébalo tú misma —le dijo, y le alargó la última hoja que había cogido.

La profesora, temblorosa, paseaba sus ojos desorbitados por encima de los números.

—¡No, no! ¡No estaban haciendo eso hace un momento! ¡Antes de que tú vinieras estaban tomándome el pelo y hacían cosas muy raras en la hoja, te lo aseguro!

La profesora corría como una loca entre las mesas y miraba nuestros ejercicios.

—¡No, Antonio, debes creerme, nos están engañando! ¡Nos toman el pelo! Antes hacían ejercicios de un nivel superior. ¡De universitarios, diría yo!

Todos mirábamos boquiabiertos al director, que ponía cara de no entender a qué se refería aquella mujer tan nerviosa.

—¿Es cierto lo que dice la profesora? ¿Le habéis gastado una broma?

La mujer permanecía al final de la clase, al lado de Jordi, con los brazos cruzados sobre el pecho y negando con la cabeza.

El director se secó el sudor de la frente con un pañuelo.

—Está bien. Terminad el ejercicio.

Cuando llegó a la puerta se dirigió a la profesora.

—Josefina. Cuando termines sube un momento a mi despacho.

—¿Se encuentra bien, señorita? —le preguntó Sara.

Durante una semana no tuvimos clase de *mates*. En su lugar hicimos estudio con el tutor.

LA VERBENA DE LOS MELONES

El curso se estaba terminando. A principios de junio, en la reunión de socios del club, todos en manga corta menos Glòria, Sònia alzó el brazo para intervenir. La presidenta, cargo que en aquel momento sustentaba Mireia, le dio la palabra. Estábamos sentados en la terraza y la madre de Rafa, el anfitrión, nos había ofrecido Coca-Cola y cruasanes de chocolate.

—Es casi seguro que voy a tener que darme de baja del club. Al volver de vacaciones, quiero decir.

Nos quedamos mudos.

—¿Y eso por qué? —preguntó Sara.

Los enfrentamientos entre ambas se habían debilitado con el tiempo. En realidad, todos nos estábamos haciendo mayores, y cuando uno crece, la mente se abre. Eso lo he oído decir en casa un montón de veces. Sara y Sònia eran dos tipos de persona muy diferente, no se parecían en nada la una a la otra, pero habían llegado a una especie de acuerdo: tú por aquí, yo por allá, y todos tan contentos.

—Seguramente me iré del cole. Mis padres no están satisfechos con la forma en que llevo el curso, y dicen que si tengo que repetir lo haré en otro centro.

Jordi ya estaba al tanto de la situación y se limitó a bajar la cabeza y mirarse la punta de las deportivas.

—No es necesario estar en el *cole* para formar parte del club... —pensé en voz alta.

Pero eso no era cierto. Fuera del *cole* podíamos verla y continuar siendo amigos, pero las acciones del club nos unían más que cualquier otra cosa, y las acciones del club se llevaban a cabo dentro de la escuela, y si no dentro, cerca.

—Si te permitieran repetir estarías en nuestra clase. Todavía sería mejor —comentó Mireia.

—No. Lo mejor sería que no tuviera que repetir —puntualizó Jordi.

Sònia se encongió de hombros.

—¡Qué le vamos a hacer! No quiero fastidiar la reunión. Todavía no es seguro.

—Tal vez si estudias en verano...

Rafa hacía rato que no abría la boca; se puso en pie.

—Yo también me voy a ir el año que viene. No lo sabe nadie. Bueno, ahora ya sí.

—¿Qué? ¿Que te vas? —le pregunté— ¡No me lo habías dicho! ¡Y eres mi mejor amigo!

—Por eso mismo me costaba decírtelo.

—¿Y adónde vas, si se puede saber?

—Mis padres han comprado un piso en otro barrio. Dicen que buscaran otro cole.

Pensé que nos estábamos equivocando y que las acciones anti teníamos que dirigirlas contra nuestros padres, los causantes principales de nuestras desgracias; contra los padres de Sònia, que no la dejaban repetir curso en la escuela; contra los padres de Rafa, que se iban a vivir a otro barrio sin tener en cuenta los lazos de amistad que unían a su hijo con nosotros... No era justo. No era justo tener padres, ni era justo ser un niño.

—¡Si tuviéramos dieciocho años eso no pasaría! —exclamé.

—Cuando tenga dieciocho años conduciré un *Ferrari* y recorreré todas las autopistas del planeta —anunció Marc.

Los exámenes finales se acercaban y Jordi se propuso ayudar a Sònia. Cada tarde la acompañaba a su casa y estudiaban juntos. Eso tenía su mérito ya que Jordi, que era el profesor, hacía un curso inferior al de Sònia, o sea que tenía que estudiar el temario de los créditos de segundo y de tercero. Cuando los de tercero tenían examen, siempre había algún socio del anticlub esperando en la puerta para saber cómo le había ido a Sònia.

—¿*You came tomorrow* es futuro, no?

—¡No! *Came* es pasado. ¡El futuro es con el *will!* —la corregíamos, desesperados.

—¡Pues ya la he pifiado!

Por mi parte, ingenuamente, intenté convencer a los padres de Rafa de que lo dejaran en el *cole*.

—Lo dicen todos los profesores: "¡Qué bien se ha adaptado este chico a la escuela! ¡Vaya cambio desde que llegó!", y tienen razón. Yo mismo, como compañero suyo que soy, veo que ha mejorado un montón, que se relaciona con todo el mundo, que se entiende bien con la gente de la clase...

—Nosotros pensamos lo mismo —me cortaba su madre—. Si le mandamos a otro *cole* es por necesidad, sólo por cuestión de distancia.

—Hay buses, hay metros... —insistía yo.

Para final de curso no preparamos ninguna tabla gimnástica como el año anterior. Se decidió hacer un festival abierto a la participación de todos, y el AMPA se encargó de organizar muchas actividades distintas. Una de ellas era un concierto de música en vivo que provocó la intervención fulminante del anticlub. Julio Núñez, de primero de bachillerato, tenía un primo que tocaba en un grupo de rock que apenas empezaba su carrera artística, y que muchos alumnos ya conocían pues había participado en las fiestas del barrio. Se llamaba La Verbena de los Melones y lo formaban tres músicos, una cantante y un coro de bailarinas.

—Cantan temas suyos, y también versiones de Ja t'ho diré, Jarabe de Palo... También cantan en inglés —nos explicó Sònia.

—¡Qué guay!

El AMPA se entrevistó con los del grupo y éstos aceptaron tocar el día del festival. El *cole* los contrataría y pagaría el alquiler de un buen equipo de sonido.

Una mañana, cuando faltaba sólo una semana para el festival y se habían acabado casi todos los exámenes, Julio llegó acompañado de su primo. Llevaban un montón de fotocopias para clavar en las clases de ESO y Bachillerato.

—Resulta que las bailarinas no pueden venir el día de la fiesta y están buscando chicas del *cole* que quieran bailar con ellos en el escenario —nos informó Sònia mientras nos mostraba una de aquellas fotocopias—. Mañana vendrán para hacer una audición y seleccionar entre las chicas que se presenten.

—¿Y se puede presentar todo el mundo? —preguntó Mireia, entusiasmada.

—Sí, todas las que hacemos ESO y Bachillerato.

—¿Por qué no lo intentamos?

—Yo paso de esas movidas —dijo Sònia—. Paso de hacer el imbécil delante de nadie. Seguro que son unos chulos y que tocan fatal.

Glòria declinó la invitación, y Sara simuló no haberla oído.

—¡Me haría tanta ilusión! —suspiró Mireia.

—¡Pues preséntate, tía! —la animó Víctor—. Seguro que les gustará que haya una morenita entre las bailarinas.

Al día siguiente Sara y Glòria acompañaron a Mireia al patio posterior, el lugar elegido para hacer el *casting*. Allí estaban los cuatro componentes del grupo, la tutora de Bachillerato y Eusebio, el profesor de educación física.

—¿Las tres vais a hacer la prueba? —preguntó una chica de bachillerato.

—No. Sólo yo —contestó Mireia.

—Si tocaran una ópera podías presentarte tú —se burló la chica dirigiéndose a Sara—. ¡Estás tan gorda como la Caballé!

—Seguro que peso menos que los kilos de pintura que te has puesto para tapar los granos, cara de paella.

Las respuestas de Sara hacían enmudecer a los desconocidos que no la habían tratado todavía.

Los de La Verbena de los Melones organizaron grupos de cinco chicas de diferentes cursos.

—Hemos traído una cinta nuestra. Pondremos una de las canciones más bailables y sólo os pedimos que os mováis como os salga, igual que hacéis en las fiestas y en las discotecas.

Sara, que lo observaba todo desde lejos junto a Glòria, se dio cuenta enseguida de que el jurado del *casting* jugaba sucio, y se lo dijo a su amiga.

—Fíjate bien: están seleccionando a las amigas de Julio. Hay chicas que lo hacen mucho mejor, pero sólo escogen a las amigas de Julio.

Cuando le tocó el turno al grupo de Mireia, ella y Míriam, de tercero de ESO, lo hicieron infinitamente mejor que las mayores. Pero los melones eligieron a éstas últimas.

—¿Te has dado cuenta ahora?

—¡Qué morro! ¡Si no saben ni moverse! —exclamó Glòria.

Cuando terminó la actuación del último grupo, los melones reunieron a las seis finalistas: cinco eran amigas de Julio, y la sexta era una chica de ESO "para disimular", según le pareció a Glòria.

—¿Disimular? —exclamó Sara— ¡Es la hermana de Julio!

Mireia estaba desconsolada cuando se reunió con sus compañeras.

—¡Hay que protestar! ¡No podemos quedarnos de brazos cruzados! ¡Han hecho trampa! —decidió Sara.

Y justo lo acababa de vocalizar cuando levantó un brazo y pidió la palabra.

—¿Hay algún problema, Sara? —preguntó el *profe* de educación física.

—Pues sí, uno muy gordo —la gente se rio, pero ella continuó, imperturbable—. Nosotras consideramos que la elección de las bailarinas no ha sido justa. ¡Los del grupo han escogido a las amigas del primo del guitarrista! ¡No ha habido ninguna oportunidad para las demás!

Las personas reunidas mostraron actitudes diferentes. Por un lado, había quien daba la razón a Sara, que eran las chicas rechazadas tras la selección. Luego el grupo de amigas de Julio, las escogidas, que junto a los melones y "la Sandía", nombre que Sara había otorgado en secreto a la cantante, decían que no era verdad, que se había actuado con unos criterios justos y profesionales. Entre unos y otros tampoco faltaba quien hacía comentarios fuera de lugar sobre el imponente físico de nuestra compañera de club.

El profesor de deporte y la tutora de los mayores intentaban poner orden. Las elegidas se habían puesto rojas de vergüenza, y los del grupo consultaban a Julio con la mirada, pues seguramente les había dicho que no habría ningún problema.

—Si su intención era escoger a las amigas de Julio —seguía protestando Sara—, ¿por qué han hecho la prueba? ¿Por qué no lo decidían desde el principio? ¡Hay chicas que han bailado mejor que ellas, eso lo ha visto todo el mundo!

—¿Te sabe mal que no te hayamos escogido? —le preguntó, burlándose, el primo de Julio.

—Yo no me he presentado.

—Entonces ¿en nombre de quién hablas?

—Hablo en nombre de todas las que han sido injustamente descalificadas.

La sandía y los melones se habían quedado estupefactos ante el jaleo que había organizado aquella gordita que apenas levantaba tres palmos del suelo.

—¿Qué crees que hay que hacer, Sara? —le preguntó Eusebio.

—¡Repetir las actuaciones y nombrar un jurado competente e imparcial! —contestó ella.

—¡Pero si somos nosotros los que tocamos arriba del escenario! ¿Quién mejor que nosotros para saber qué tipo de bailarina necesitamos? —argumentaba, a gritos, la sandía.

—Yo considero que si el jurado sois vosotros mismos, todas las candidatas que han bailado deben renunciar a su participación, y los del grupo debéis anunciar públicamente que no se ha presentado nadie y que por eso habéis escogido a las amigas de Julio.

—¡Esta criatura ha visto todos los episodios de Perry Mason! —le comentó a Eusebio la tutora de Bachillerato.

Se produjo una intensa discusión que Mireia describió con todo lujo de detalles a los que no asistimos al acto de elección de bailarinas. Finalmente los del grupo aceptaron la idea de repetir la prueba y nombraron a Eusebio y a la tutora de Bachillerato como miembros del jurado neutral, junto con la cantante del grupo. Las amigas de Julio estaban muy enfadadas y no le quitaban el ojo de encima a Sara, que aplaudió a Mireia cuando ésta repitió su actuación.

Del grupo inicial de candidatas, sólo se mantuvo una que merecía estar entre las ganadoras. Mireia resultó elegida, igual que cuatro chicas más, a las cuales antes se había descartado. El profesor consideró que la selección había sido justa y preguntó a los del grupo si estaban de acuerdo con el proceso. No tuvieron más remedio que decir que sí, que harían todo lo que pudieran durante los ensayos.

Y dos días antes de la fiesta, precisamente en uno de esos ensayos, Mireia, simulando no estar atenta a la conversación, escuchó que las amigas de Julio se habían puesto de acuerdo con los del grupo, y entre todos tramaban un plan para ridiculizar a Sara el día de la actuación.

—No sé qué se traen entre manos, pero algo se cuece. Te quieren dejar en ridículo delante de todos, pero no sé ni cómo ni cuándo.

El hecho de que el anticlub fuera una entidad secreta de existencia desconocida nos ayudó a la hora de resolver la intriga. Sònia, como se ha dicho aquí a menudo, se relacionaba con alumnos de cursos superiores, y conocía a Cristina, la hermana de Julio Núñez.

—Cristina —le preguntó esa misma tarde a la salida del *cole*—. ¿Qué es eso que estáis tramando contra la gorda de segundo de ESO?

—¿Quién te lo ha contado?

—He oído que tu hermano lo comentaba —mintió Sònia.

—La queremos dejar en ridículo el día del festival. Pero nadie tiene que saberlo.

—¡Cuéntamelo, *porfa,* cuéntamelo! —le suplicó Sònia, fingiendo estar muy interesada—. ¡Yo tampoco soporto a esa cucaracha cebada!

La Verbena de los Melones tenían una canción que se titulaba *La calabaza,* y pensaban dedicársela a Sara.

—Nuestras amigas se colocarán alrededor de la gorda, y cuando los melones le dediquen la canción por el micro, la señalarán y aplaudirán para que todo el mundo la vea. ¡Será superfuerte! "¡Ahora ya sabéis por qué se la dedicamos!", dirán los músicos. ¡Será tope fuerte, tía!

¡Teníamos trabajo en el anticlub para fin de curso!

Lo planificamos todo y obtuvimos la colaboración de Eusebio, el *profe* de deporte.

Los del grupo llegaron al mediodía para preparar el equipo de sonido y montar los focos. Ya habían llegado muchos padres y profesores, y un montón de niños y niñas participaban en las carreras, los partidos de básquet y fútbol, y la actuación de los titiriteros. Mireia, Sara, Jordi y Sònia se entrevistaron con Eusebio.

—Me enteré ayer, mientras ensayábamos —le contó Mireia—, y me supo muy mal, sobre todo porque Sara es mi amiga, y porque me parece injusto lo que se proponen. ¿A ti que te parece?

—Me parece lo mismo que a vosotros. No entiendo qué pretende esa panda de sinvergüenzas. Hablaré con ellos y les amenazaré: si su intención es herir a cualquiera de mis alumnos, les vamos a sabotear la actuación y van a largarse sin cobrar un duro.

El profesor habló con los del grupo.

—Os lo advierto: me han llegado rumores y, oídme bien, si son ciertos, si cometéis cualquier imbecilidad,

hablaré inmediatamente con el presidente del AMPA y con el director de la escuela, y ya estáis recogiendo a toda prisa vuestros bártulos. ¿Está claro? ¿Puedo confiar en vosotros?

Los del grupo le escucharon cabizbajos y prometieron que no se produciría ningún incidente. Un cuarto de hora después, cuando todo estaba casi montado y se disponían a realizar una prueba de sonido, Sònia se acercó al escenario, acompañada de Jordi y Glòria.

—Venimos de parte de Eusebio —mintió nuestra socia—. Dice que ya se ha enterado de quiénes organizaban el plan contra la gorda, y que los quiere escarmentar. La verdad es que no sé a qué se refiere, pero me ha pedido que os dijera que en lugar de decir lo que teníais que decir, digáis esto que está escrito en el papel. Ah, y que si no lo hacéis, ya podéis empezar a desmontar el chiringuito. ¡Y *top-secret!* ¿Me podéis explicar de qué va todo este rollo? ¿Acaso habéis tenido problemas con Eusebio? Porque el tío gasta una mala leche... ¡Buf! Es superamigo de los del AMPA, y del *dire*... Espero por vuestro bien que no hayáis hecho nada que le haya molestado...

La actuación de La Verbena de los Melones estuvo bastante bien. La parte cómica del *show* se produjo cuando la cantante agarró el micro y dedicó una canción a "las calabazas y a las caras de acelga, un grupo de compañeras que están hoy aquí, y que, si las conocierais, sabríais porque se la dedicamos", mientras nosotros, los miembros del anticlub, rodeándolas, las señalábamos con el dedo, y ellas, muertas de vergüenza y sin saber qué cara poner, miraban a todos lados y se reían como unas bobas.

TERCERO DE ESO

Aquel verano me aburrí como una ostra. En cambio, mi hermano hizo un montón de amigos y se pasaba el día fuera de casa. ¡Y era dos años menor que yo!

—Deberías salir con los amigos de tu hermano —me decía mi madre—. ¡Me pone nerviosa verte todo el día aquí solo con esa cara de muermo!

Pero yo pasaba de ella. Cuando parecía que la cosa no tenía solución y ya casi no me quedaban libros para leer, llamó Rafa: sus padres le permitían venir a pasar una semana con nosotros en Sant Salvador. Mi alegría fue inmensa, y todavía lo fue más cuando al llegar me anunció que sus padres habían cedido y le permitían quedarse en el *cole*.

—Tendré que levantarme más temprano y hacer la

tira de transbordos en el metro, pero estoy muy contento.

Telefoneamos a los del club para darles la noticia, y Jordi nos anunció otra tan buena como la nuestra.

—Sònia se queda a repetir en el *cole*. ¿Qué os parece? ¡Todo el anticlub en la misma aula!

—¡Eso será mortal de necesidad! —exclamé.

El tutor de tercero era Alberto Dalmau, el *profe* de mates de los mayores, que por primera vez se encargaría de las mates en la ESO. El primer día de clase alucinamos: había la posibilidad de hacer un crédito variable de cómic y otro de voleibol. Evidentemente, Marc, Rafa, Sara, Glòria, Víctor y yo no nos apuntamos a este último, y nos fuimos directos al cómic. Jordi, Sònia y Mireia, por el contrario, se pusieron muy contentos al saber que, además de las dos horas de educación física, disfrutarían de tres horas semanales más de deporte durante el primer trimestre.

Había una novedad que acentuaba el paso de segundo a tercero de ESO: aquel año, por primera vez, no llevaríamos uniforme. En principio eso era una ventaja, pero pronto mi madre se encargó de deshacer el hechizo.

—Me parece muy bien, ya eres mayor y vestirás como tú quieras; pero ojo, señor mayor: cada noche te vas a encargar tú solito de escoger la ropa que te pondrás al día siguiente y dejarás sobre la silla la que tenga que ir a la lavadora.

Las chicas estaban muy distintas sin el uniforme: parecían mayores. Mireia, por ejemplo. De repente parecía una mujer. Y Glòria, ¡vaya cambio! Sònia les daba lecciones sobre cómo debían combinar los colores y los tejidos, les indicaba qué bolsa se llevaba con cada modelo, y las tentaba con complementos como clips en el pelo o brazaletes *hippies*.

—Estás mucho más mona así, nena —le decía a Mireia—. Ahora sólo falta que te despabiles un poco. Tienes que conseguir que tus padres te dejen salir más a menudo y así podremos ir juntas a la *disco* los viernes por la tarde.

En la primera reunión del club, el mes de septiembre, se habló más de chicos, discotecas, música, actores de la tele, cantantes y colores de ropa que de otra cosa.

—¡Chicas, parece que no tenemos ninguna misión anti! —se quejó Rafa.

—¡Bah! Cuando salga alguna, ya veremos...

MISTER CHE

Una mañana, a las tres semanas de haber empezado las clases, el tutor entró en el aula con un alumno nuevo.

—Os presento. Borja, éstos son tus compañeros de tercero de ESO. Y este chico que hoy se incorpora —dijo, dirigiéndose a nosotros— se llama Borja Ponce, y viene de muy lejos, de Argentina, concretamente. No habla catalán porque está recién llegado, y por tanto vamos a esforzarnos, él y nosotros, para entendernos.

Al poco rato, la secretaria fue a buscarlo para que rellenara unas hojas en el despacho del director. Los comentarios de las chicas no se hicieron esperar.

—Pero ¿es real lo que han visto mis ojos? ¿Os habéis fijado bien?

—¡Nunca había visto un chico tan guapo!

—¡Es perfecto! ¿Le habéis visto los brazos? ¡Dios santo...!

Mireia, embobada; Glòria, roja como un tomate; Sònia, mordiéndose las uñas (Jordi también, la verdad, pero de rabia). Sara le encontró defectos.

—Tiene cara de estúpido —me dijo—, y de chulo, que es la cosa más terrible que le puede pasar a un chico, que además de estúpido sea chulo. ¿Te has fijado que lleva manga corta? Ya no hace calor, pero el tío tiene que demostrar que va al gimnasio y que tiene músculos. ¡No sabes cuánto detesto a los tíos que van de chulos por la vida!

A mí me gustó su acento, que hacía como una musiquita. Y era simpático: sonreía todo el rato.

—Es una risa falsa —puntualizó Sara—. La típica risa de los chulos.

"Sus papis" tenían mucha "plata", y si conseguía sacar "un brillante expediente académico" aquel año le comprarían "otra motico lindísima".

—Mucha motico y mucha mandanga —se burlaba Sara en el banco de las reuniones—, pero si le compran "otra" significa que ya tiene una, o sea, que como mínimo tiene diecisiete o dieciocho años, y todavía está en tercero de ESO. Es lo que os decía: un burro integral.

Mireia y Glòria, en cambio, le defendían siempre, hiciese lo que hiciese.

—Es tan educado, y tan elegante, y habla un castellano tan correcto... ¡Es un sueño de niño!

De todo sabía mucho. De ordenadores, de fútbol, de música, de motos. Utilizaba la palabra "vos" para decir "tú", y "pibe" que significaba "chico", y "che", que no sabíamos por qué lo decía.

Las de cuarto de ESO le esperaban a la salida de clase y Sònia actuaba de nexo entre sus antiguas compañeras y el recién llegado. Jordi no se lo podía creer.

—Yo pienso lo mismo que Sara. Este tío es un chulo, y al final tendremos que pararle los pies.

—Lo que pasa es que estás celoso y no quieres reconocerlo —le decía Glòria.

—¿Celoso? ¿Celoso yo? ¿De quién? ¿De ese pánfilo?

Pero la verdad es que sí que estaba celoso, y mucho. Nos lo confesó una tarde mientras volvíamos del *cole*.

—Este sábado no puedo quedar con Sònia porque tiene que enseñarle la ciudad. Han quedado con un grupo de chicas de cuarto, y dice que le mostrará los rincones más bonitos y los bares de moda.

—¿Y por qué no vas con ellos?

—¿Yo? ¿A pasear con este "che"? Como si no tuviera otras cosas que hacer...

—¿Qué tienes que hacer? —le preguntó Marc.

Víctor se entendía bien con Borja. Hablaban de programas informáticos, de juegos, de megas, rams y todo eso. Con los demás chicos, Borja no tenía mucho trato.

—¿Vos no sos amantes del deporte? —me preguntó un día mientras nos cambiábamos en la hora de educación física.

—No. Odio el deporte —le dije.

—Pues hacés mal. No sabés lo bien que sienta el entrenamiento muscular para mantener el cuerpo chévere.

—Yo prefiero estar sentado.

—¡Che, parecés un viejo!

En su opinión, Buenos Aires, la ciudad de donde provenía, era la más grande y la más hermosa; había más gente, todo era moderno y "lindísimo". Pero la empresa donde trabajaba su padre lo había destinado a Barcelona.

—Ya me acostumbraré, pero claro, todo esto es tan chico...

A finales de octubre salía con Elena Raspall. El día 2 de noviembre, Elena lo pilló delante del quiosco besándose con Eva de cuarto de ESO, y cortaron. Mientras salía con Eva se declaró a Laura, y cuando ella le dijo que sí, Borja no se lo dijo a Eva, y durante una semana salió con las dos sin que ninguna de ellas lo supiera. El 15 de noviembre le pidió a Mireia que saliera con él.

—¿Tú estás tonta o qué? —la reñía Sara— ¿No te das cuenta de que ya tiene dos novias?

—Me ha prometido que mañana cortará con las dos.

—¿Y tú te lo crees?

Mireia le dijo que sí, y Borja cortó con Eva, pero no con Laura. Una tarde, en medio de la clase, Laura se echó encima de Mireia y le tiró de los pelos mientras la otra se defendía a patadas. Borja contemplaba impasible la pelea sin moverse de su sitio.

—¡Qué bravas son estas pavitas! ¡Apúrense, chicas, que va a llegar el profesor!

Jordi no daba crédito a lo que veían sus ojos.

—Pero ¿será imbécil? ¡Imbécil él e imbéciles ellas!

Aquella misma noche Borja llamó al móvil de Sònia y le pidió que saliera con él.

—¿Contigo? —le preguntó Mireia alucinada—. ¡Pero si está saliendo conmigo!

—Sí, contigo, y con Laura, y vete a saber con cuántas más —le contestó Sònia—. Hasta ahora me caía bien, era un chico agradable y divertido, pero se está pasando. Quizás ha llegado la hora de poner las cosas en su lugar.

Todos estuvimos de acuerdo, incluso Víctor y Mireia.

Conseguir la colaboración de todas las chicas del *cole* para que le evitaran y pasaran de él resultaba imposible. Todas, desde las pequeñas hasta las mayores, estaban coladitas por el argentino.

—Habrá que pensar en una táctica más refinada.

Cuando Marc lo propuso, a todos nos pareció una estupidez, una de las típicas estupideces de ACI. Pero poco a poco la idea fue cuajando, y finalmente la misma afectada accedió a llevarla a buen puerto: Sara debería enamorarse perdidamente de Borja.

De vuelta a casa, Jordi me confesó que a él le parecía un poco bestia y que no podíamos obligar a Sara a hacer el ridículo de aquella manera.

—¡Pero ella está de acuerdo!

—Sí, eso parece, pero ya veremos qué pasa cuando empiece la broma. Yo en su lugar no lo haría.

Pero Sara estaba dispuesta a hacer cualquier cosa para mandar a la mierda a aquel chulo de la Pampa.

—Ya sé que soy fea y rara. Éstas serán mis armas para luchar contra él.

—¡Es que eres muy-muy fea y muy-muy rara! —insistía Marc.

—¡Tu coeficiente de inteligencia de hormiga subnormal también nos puede sacar de un apuro alguna vez! —se defendía ella.

—Tienes razón. A mí también me gustaría protagonizar alguna acción del anticlub... —reconocía Marc.

La primera fase del plan se basaba en el envío de cartas de amor. Sara las firmaba "Una admiradora anónima", y las dejaba en la bolsa de Borja o en el cajón de su mesa. En la segunda carta le comunicó que si tenía curiosidad y quería contestarle, podía entregarme las cartas a mí, que actuaría de mensajero.

—¿Y vos no podés decirme quién es? —me preguntó el día que escribió una respuesta.

—No. Es un secreto. De hecho, yo tampoco lo sé. Tú me das la carta, yo la paso a una chica de cuarto, y ella se la entrega a la que te escribe.

—¿Y no puedo obtener un número de teléfono móvil para mandar mensajitos?

—No. No hay teléfono de por medio.

—¡Che, qué misterio!

Las cartas de Borja las leíamos todos juntos a escondidas durante el recreo. Eran muy románticas y estaban bien escritas: era como oírle hablar. Le decía que nunca había tenido un amor secreto por correspondencia, que le hacía mucha ilusión y contaba cómo se la imaginaba. "La gente habla mal de mí, y dice que tengo muchas novias, pero tú no debes creerlo. La verdad es que soy un romántico y todavía ando buscando el amor de mi vida".

—¡Sinvergüenza!

Una de las cartas enojó mucho a Mireia: "Todas las chiquitas andan locas por mí. Siempre son ellas las que me piden que salga con ellas, pero yo guardo, en el fondo de mi corazón, una parcela grande y única para ti".

—¡Mentiroso! ¡Si fue él quien me lo pidió!

Con las cartas de amor de Borja en nuestras manos, todas firmadas con su letra elegante y distinguida, iniciamos la segunda fase de la acción. Una tarde, cuando Borja se encontraba reunido con un grupo de chicos y chicas en la puerta del *cole*, Sara se le acercó.

—Borja, cielo, ayer recibí tu carta y vengo a decirte que hoy no podré contestarte porque mañana tengo un examen. Adiós, príncipe.

Lo dijo, y luego se fue.

Al día siguiente, en clase, a la hora de tecnología, Sara se acercó a la mesa que ocupaban Borja y cinco compañeros más.

—Borja, mi amor. Dile a tu mami Anabel que no puedo aceptar la invitación para comer con vosotros el *weekend*. Luego nos vemos.

Todos la escucharon en silencio, incluso Borja, que no supo qué cara poner.

—Pero ¿qué dices, niña? —le preguntó cuando Sara se había vuelto de espaldas y sus compañeros se reían.

—Después te mando una cartita —añadió Sara guiñándole el ojo.

—¡Esta piba está loca!

Jordi, Rafa y yo acompañamos a Sara a casa de Borja. Llamamos al portero automático. Nos respondió una voz de mujer, que preguntó quién era.

—Soy Sara, la amiga de Borja. ¿Está en casa?

—Sí mi amor, ahorita te lo paso. ¡Borja! —oíamos cómo lo llamaba.

—¿Quién es?

—Soy yo. ¿Bajas?

—¿Quién es "yo"? —preguntó él.

—¿Quién va a ser? ¡Yo, tu cielo!

Borja reconoció la voz de Sara. Colgó, y nosotros salimos corriendo, sin esperar a saber si bajaba o no.

A la mañana siguiente el chico se plantó ante Sara a la entrada del cole.

—Mira, niña. Yo no tengo nada contra vos, pero creo que te estás pasando un poco. Quiero que me dejés en paz, ¿O.K.?

—¿Por qué? Estamos saliendo ¿no?

Sara hablaba en voz alta para que la oyeran todos los que entraban en ese momento.

—¿Qué? ¿Saliendo? ¡Vos estás loca!

—Pero Borja, ¡si en las cartas me escribes que me quieres, que "andás enamorado de mí", como tú dices!

No recibí más mensajes de Borja, pero con las cartas recibidas teníamos suficiente. Sara perseguía a Borja a todos lados. Toda la escuela se había enterado.

—Está chalada —les explicaba a sus amigos— ¡Me sigue como una sombra! ¡Esa enana gorda y boluda cree que me he enamorado de ella!

Al principio sus amigos se reían, pero un día Sara apareció con las cartas firmadas.

—¿Y esas cartas qué? ¿Todo eran mentiras? Yo aún te quiero, Borja, y no entiendo qué te pasa...

La pareja que formaban Sara y Borja era impresionante. Él era alto, atractivo, bien vestido, siempre rodeado de amigos con moto. Y Sara, tan bajita, ancha como una mesa brasero, vestida con ropa que le iba estrecha o le quedaba corta. Y su voz, y el aire de niña empollona cuando le recriminaba cosas de amor.

—Yo he llegado a quererte mucho, gauchito —así era como él firmaba alguna de las cartas—, y me entristece que finjas delante de tus amigos.

Y los amigos se miraban entre ellos y no podían creerse lo que oían; se preguntaban cómo Borja podía haber escrito aquellas cartas a Sara, cartas auténticas, con su letra y su firma. Y el caso es que el pobre Borja no se lo tomaba como una broma ni se reía de ella, sino que le sabía mal la actitud que mostraba nuestra socia, y sus amigos no lo entendían y los oían discutir en medio de la calle.

—¡Yo no he escrito esas cartas para vos!

—¿Ah no? ¿Y para quién, entonces? ¡Me has dicho tantas veces que soy tu amor de siempre...! ¡No intentes disimular ahora, delante de ellos! ¿No es tu letra? ¿No se las dabas a mi mensajero para que me las entregara?

Y cuando todos supieron que yo había hecho de mensajero, fueron a preguntarme y yo le di la razón a Sara.

—Sí, cada día me daba una carta para ella. Cada día se intercambiaban notas amorosas.

Sara se convirtió en "la borgita", "la argentinita", "la pampita", y en el fondo estaba muy orgullosa de ello.

—La verdad es que es el primer chico que me dice cosas tan bonitas. Por lo menos por escrito. Nunca había presumido de novio guapo.

Una tarde Borja explotó. Sucedió cuando Sara aventuró una de sus aproximaciones fatales. Borja estaba con sus amigos en la puerta del colegio, a la salida de clase.

—¡Mira, Borja, aquí llega tu "piba"! —se burló uno de ellos.

Sara tuvo la suerte de que nosotros estábamos allí, y que en el mismo instante salían del *cole* dos profesoras. Borja perdió el control y antes de que Sara pudiera abrir la boca, la agarró por el cuello de la blusa y la zarandeó frenéticamente.

—¡Que me dejes en paz, niña estúpida! ¡Que ya me cansé de tus numeritos, enana!

Sara gritaba como una loca, y nosotros nos acercamos al grupo al mismo tiempo que lo hacían las profesoras.

—¿Qué está pasando aquí? —preguntaron.

—¡Me quiere pegar! ¡Este chaval quiere pegarme! —chillaba Sara.

—¡Que te calles, rechoncha! —gritaba Borja.

Entre todos los separamos.

—¡Acompañadme al despacho del director! —ordenó una de las profesoras.

Más tarde Sara nos contó lo que pasó. Ella mostró las pruebas, las famosas cartas que Borja le enviaba.

—Este chulo tiene enamoradas a un montón de chicas. ¡Y a todas nos trata mal!

A Sara le gustaba utilizar "nos", así, en plural, como si ella fuera realmente una de las víctimas. Y completó la frase otorgándole un adjetivo que habíamos estudiado en literatura.

—¡Es un misógino!

Parece que el director quedó impresionado por la manera como se expresaba aquella chica tan rara. Los obligó a contarle toda la historia bajo la amenaza de llamar a los padres respectivos si no se esclarecían los hechos. Sara aprovechó la situación para relatar con pelos y señales las anteriores, complicadas y nunca exclusivas experiencias amorosas de Borja, y éste tuvo que asentir en todo momento.

—No es necesario ir de ligón en la escuela, chaval —le advirtió el director—. Yo en tu lugar me centraría en los estudios, y consideraría a las chicas compañeras, personas que tienen buen corazón y que no merecen el trato que reciben de ti.

Mientras el director hablaba, Sara iba asintiendo con la cabeza, como si en realidad estuviera dolida.

No se hablaron más. Ni esa tarde ni nunca. Y conseguimos que aquel chulo dejara de hacer el tonto. Cuando alguien hacía un comentario sobre este episodio, Sara suspiraba, con pesar, y decía que ya había olvidado lo mucho que había sufrido.

—Pasar por eso es una pesadilla, pero he conseguido superarlo.

Dice Marc que en el fondo Sara no interpretó ningún papel esos días, y tal vez tenga razón. Yo creo que se aprovechó de la situación para actuar tal como le habría gustado hacer si el mundo, desde un principio, se hubiera mostrado más considerado con ella.

LA MAQUETA

Nos hacíamos mayores. Y el universo de los mayores prescindía de la inocencia que caracteriza el mundo de los niños. Sabemos por experiencia, y porque lo hemos leído muchas veces, que los niños también son crueles, y que a veces pueden ser más crueles que un adulto, ya que esa misma inocencia los hace creer que pueden distinguir el bien del mal, y entre esos dos términos no perciben ningún matiz.

Antes de terminar el primer trimestre de tercero de ESO nos dimos cuenta de que nos estábamos haciendo mayores precisamente por eso: fuimos conscientes de los matices, pero aun así, como hacen los niños, hicimos caso omiso de ellos. Tuvo lugar la primera misión del anticlub que acabó mal, y fue, casualmente, la última misión del milenio: pocos días después celebramos la entrada del año 2000. O sea, que permitimos que el siglo y la misión acabaran mal, con la expulsión de un compañero.

Estuvo en nuestras manos evitar que pasara lo que pasó. Y no lo hicimos. Nos pareció que la misión anti era más seria que todas las anteriores, como si los castigos y las penas impuestas a los culpables hubieran aumentado de categoría. No fuimos conscientes de ello entonces, sino más tarde, cuando analizamos lo ocurrido y pusimos en duda nuestra actuación. Nos estábamos haciendo mayores, ya digo, y yo mismo lo noto ahora, mientras escribo la historia del club y uso un lenguaje de adulto.

Antes de Navidad, al final del crédito común de tecnología, el profesor nos encargó la construcción de una maqueta. Habíamos trabajado temas relacionados con la casa, los materiales de construcción, plantas y alzados de edificios, proporciones. También la instalación eléctrica y los conductos del agua. El trabajo final consistía en proyectar una vivienda unifamiliar, primero sobre el papel, y luego construir una maqueta de cartón pluma.

David Pujades no mostró ningún interés en el proyecto, y ni siquiera compró el material que nos había encargado el profesor. La verdad es que David pasaba de todo, no sólo de esa materia. Los tutores se quejaban constantemente de la actitud que mostraban algunos compañeros hacia el aprendizaje, y muchas veces, en el banco de piedra y en horas de tutoría, escuchamos comentarios del tipo "Eso es lo que ha traído la ESO".

Nosotros también sufríamos las consecuencias de esa actitud: las clases se volvieron complicadas, algunos profesores tenían problemas a la hora de conseguir un mínimo de autoridad en el aula y costaba hacer una clase normal. La madre de Sara se había quejado al tutor: era evidente que los alumnos negativos tenían más peso que los buenos, y los profesores se mostraban condescendientes con los primeros y no hacían nada para ayudar o valorar a los segundos.

—Me parece bien que intenten ayudar a los que no llegan —opinaba Sara—, pero eso no implica que dejen de la mano de Dios a los que realmente están interesados en aprender. Ponen *sufis* a uno que no se lo merece, y en cambio regatean lo que pueden antes de ponerte un excelente. Antes habría sido impensable aguantar en clase a un tipo como David, y ahora ¡míralo tú, a sus anchas, haciendo lo posible para hundirla!

La mayoría de nosotros, que no estábamos en ninguno de los dos extremos, la entendíamos. Y aunque no lo hiciéramos todo a la perfección, nos esforzábamos y atendíamos las explicaciones del profesor, que para algo estaba capacitado para impartir la materia.

David pasó de hacer los planos iniciales del proyecto en sucio, ni tampoco se preocupó de pasarlos a limpio, con regla, sobre una lámina DIN A 3.

—¿Cuándo vas a empezar, chico? ¿Cuándo se termine el crédito? —le reñía el *profe.*

Él no se inmutaba.

A Jordi se le daba muy bien el dibujo técnico, y fue el primero que midió y cortó las diversas partes de la casa sobre el cartón pluma. Y como iba tan rápido, le quedaba tiempo para ayudarnos a Rafa, a Sònia, a Glòria y a mí. Sara se bastaba por sí misma y no necesitaba ayuda, igual que Víctor. Mireia iba tirando, y Marc, en este aspecto, se parecía a David: una semana antes de entregar el trabajo aún no había comprado el material.

Y justo esa semana, a Jordi le desapareció la maqueta. La había dejado sobre un estante, al lado de las maquetas a medio terminar de los compañeros. Eso fue un viernes, y el lunes siguiente la maqueta había desaparecido. La estuvimos buscando por toda el aula, y también buscamos en el aula de plástica, en la de informática y en secretaría. No, la maqueta no estaba. El profesor le tranquilizó.

—No entiendo qué ha podido pasar, pero no debes preocuparte. Yo sé que la tenías hecha, prácticamente estaba terminada, y que era la mejor de la clase.

—Pero quiero saber quién demonios la ha cogido, y qué ha hecho con ella —insistía Jordi.

Ese lunes por la tarde, David Pujades se presentó en la escuela llevando en brazos una maravillosa maqueta. Los alumnos pequeños le paraban y le pedían que se la enseñase.

—¡Ostras, qué pasada! ¿Y la has hecho tú solo?

Nosotros, que nos sentábamos en el banco de piedra hasta que sonaba el timbre de entrada, vimos que David la exhibía y Mireia se le acercó. Cuando volvió, comentó que aquello no podía haberlo hecho David.

—Me temo que se trata de la maqueta de Jordi.

Entonces nos acercamos todos. El cartón pluma de Jordi era blanco, y la maqueta de David era de color tierra, incluso había pintado las paredes interiores, el zócalo y las puertas y ventanas.

—¿Quién ha dicho que se tenía que pintar? —le pregunté.

—No, no había que hacerlo. Pero mi padre, que es ingeniero, me ha ayudado a pintarla. Queda guapa, ¿no?

En aquel momento llegaba Jordi, y Sònia silbó para avisarle. Cuando vio aquello que traía David, se quedó blanco como la cera.

—¡Eh, tío! ¡Esa maqueta es la mía!

—¡Tú alucinas! —le chilló David sujetando con fuerza la lámina de madera sobre la que se sostenía la casa.

—¡Esta maqueta es mía, es la que ha desaparecido del aula de *tecno*!

David se dio la vuelta y se echó a andar con paso rápido hacia el interior del edificio. Jordi juraba que se trataba de su trabajo, que aquel imbécil se la había robado y la había pintado para disimular.

—¡La madre que lo parió! ¡Os lo juro, es la mía!

Fuimos a buscar al profesor y Jordi le explicó lo que había pasado.

—No digáis nada —le aconsejó el *profe*—. Esperaremos a que me la entregue, y luego hablaremos.

A la hora de tecnología, David se presentó con su espectacular maqueta en brazos.

—Aquí está mi trabajo, *profe*.

El profesor le ordenó que la dejara encima de una mesa y la inspeccionó.

—¿Por qué la has pintado?

—Mi padre me dijo que era mejor presentarla pintada; que un trabajo gana mucho con una buena presentación.

—¿Y se puede saber cuándo y dónde has hecho el trabajo? Porque, que yo recuerde, no te he visto nunca trabajar en clase.

—Bueno, en realidad aquí estuve pensando el proyecto, y la he ido haciendo poco a poco en el estudio de mi padre. Con tranquilidad y silencio se trabaja mejor.

—Tu obligación es trabajar en clase, con tus compañeros y durante las horas lectivas. ¿Cómo sé yo que no me engañas? ¿Quién me dice que eso no lo ha hecho otra persona? —quiso saber el *profe*.

—¿Estás insinuando que la ha hecho mi padre?

—Tu padre o bien otra persona. Jordi, por ejemplo.

David se puso hecho una furia. Que no hay derecho, que una vez que trabaja y lo hace bien nadie se lo reconoce, que hablaría con el tutor y con el director...

—Llamaré a tu padre. A ver qué me cuenta.

—Llama, llama —chillaba David—. Él te dirá toda la verdad.

Al parecer, el señor Pujades dio la razón a su hijo. David había hecho la maqueta en su estudio, bajo su supervisión y, eso lo reconocía, su ayuda cuando las partes no encajaban del todo. También le había ayudado a pintarla y a pulir los detalles de decoración.

—Este señor nos engaña —protestó Jordi—. ¡No ha podido supervisar nada porque el trabajo lo he hecho yo! ¡En todo caso le ayudó a pintarla, pero la construcción es mía!

Por su parte, David había hablado con el tutor, y éste con el *profe* de *tecno,* y ambos con el director. Si el padre de David juraba que aquello lo había hecho su hijo, era necesaria una prueba para contradecirle.

—¿Y dónde está esa prueba? —se preguntaba el director.

—El chico, Jordi, tiene los planos de la maqueta, los estudios previos y los realizados a escala antes de construirla —alegaba el profesor.

Estuvieron estudiándolos: los planos se adaptaban perfectamente al resultado. Entonces el director habló personalmente con el señor Pujades.

—¿Todavía no se lo creen? ¡Maldita sea! ¡Mañana vendré con los planos de mi hijo!

Y al día siguiente se presentaron padre e hijo Pujades con los planos de la casa, que también coincidían con los de la maqueta.

—La explicación es bien sencilla —expuso el ingeniero—. Con los datos que dio el profesor, los dos chavales han realizado un trabajo similar, prácticamente idéntico.

—¿Y no le parece eso mucha casualidad?

—Depende de las indicaciones que les diera el profesor —argumentó el señor Pujades—. Tal vez el profesor les proporcionó unas bases muy concretas...

El *profe* de tecno expuso esas bases. Sin aguzar mucho el ojo, la observación del ingeniero podía ser cierta: los dos alumnos podían haber hecho una casa parecida.

—Me cuesta creer que pongan en duda mi palabra... —añadió el ingeniero mientras se levantaba de la silla.

Convocamos una reunión extraordinaria del anticlub.

—Este hombre miente tanto o más que su hijo, y hay que demostrarlo.

—Jordi, ¿no se te ocurre ninguna pista? ¿Alguna prueba que asegure que la hiciste tú?

Dio muchas vueltas al asunto, pero no se le ocurría nada para demostrarlo.

—El problema es que se trata de la palabra de un ingeniero contra la de un chico de tercero de ESO.

—Y que el director está de parte del padre, y no de la mía —se lamentaba Jordi.

El profesor puso las calificaciones. Jordi y David obtuvieron un excelente por el trabajo de la maqueta.

—¡Y todos tan contentos! —opinaba Sònia— ¡Eso no es justo!

—Es lo que os digo siempre: favorecer al que no puede o no quiere y despreciar al capacitado —dijo Sara.

Pocos días antes de empezar las vacaciones de Navidad, como un favor de los dioses, Jordi obtuvo la pista que necesitaba de labios de Jenifer Losantos, una compañera de clase.

—Jordi, ¿por qué no me has telefoneado para decirme aquello que te pedí?

Jenifer y sus padres querían a pasar la Navidad en la Costa Brava, y un día, hablando con Jordi, éste le explicó que sus padres alquilaban de vez en cuando un apartamento en Platja d'Aro para ir a pasar el verano; un bloque de pisos que estaba muy bien y cuyo propietario era amigo de la familia.

—Lo preguntaré a mis padres y te llamaré para darte el número de teléfono del propietario y la dirección del apartamento.

Con el lío de la maqueta, Jordi lo había olvidado completamente, y aquel día de inspiración divina, Jenifer se lo recordó.

—Chica, lo siento, pero me había olvidado. Dame tu número otra vez, que no recuerdo donde lo apunté.

—Yo creo que lo apuntaste en una de las piezas de la maqueta que estabas recortando en *tecno*.

Jordi dejó a Jenifer con la palabra en la boca y vino a contárnoslo enseguida.

—¿Y crees que tal vez utilizaste una de las piezas que forman la maqueta?

—No lo sé. Quizás lo escribí en uno de los trozos que luego deseché.

—Es la única posibilidad que nos queda. Vamos a hablar con el *profe*.

Así lo hicimos, y éste habló con el director. Y ellos dos, con Jordi, inspeccionaron de nuevo la flamante maqueta de David en el aula de tecnología. El número, escrito a lápiz, no apareció por ningún lado. Cuando ya se iban, el profesor tuvo una idea.

—¿Y si lo hubieras escrito en un extremo? ¿Justo allí donde las piezas se hunden en la base?

Para comprobarlo, tenían que desmontar el trabajo pieza por pieza.

—Tú tienes la última palabra, chico —le dijo el director a Jordi—. Tienes un excelente. Ahora dinos qué hay que hacer.

—Se trata de mi orgullo y de un afán de justicia, señor Antonio. Quiero comprobarlo, aunque luego tenga que montarla yo solo.

Con una inclinación de cabeza, el director dio su permiso para la desconstrucción del artificio, labor que realizaron meticulosamente el profesor y Jordi. Cuando desmontaron una de las paredes interiores, la que separaba la sala de estar de la habitación pequeña, apareció, en un margen y escrito a lápiz, el número de teléfono de Jenifer, que había permanecido oculto bajo el cartón pluma de la base.

Tuvo lugar una reunión de profesores con el director, y una entrevista con los padres de David. El ingeniero chillaba de rabia cuando finalmente su hijo reconoció que había robado la maqueta de Jordi. El ingeniero se vio obligado a confesar que había mentido para proteger a su hijo.

Le abrieron un expediente. El director pidió su opinión a Jordi sobre lo que se debía hacer en aquella situación. Hablamos de ello todos juntos, en el banco de las reuniones, a la hora del recreo.

—Si no se aplica un castigo justo, presentaré una denuncia al Departament d'Ensenyament de la Generalitat[5] —dijo Jordi, delante del director y del tutor.

[5] Departamento de enseñanza del gobierno autonómico.

El claustro de profesores decidió anular todas las notas de David Pujades desde que empezó el curso. Por el momento, pues, David lo tenía todo suspendido, cosa que no difería mucho de la realidad.

—¡Es intolerable! —chillaba el señor Pujades—. ¡Si este joven no recapacita, sacaré a mi hijo del colegio!

Jordi no lo hizo. El anticlub decidió que no tenía por qué hacerlo. Todos estuvimos de acuerdo. Y David Pujades no se incorporó al aula el día 9 de enero del 2000.

EL EXPERIMENTO

Al inicio de este relato del anticlub, justo antes de explicar cómo formamos el grupo, he comentado que la primera persona que descubrió que existíamos fue la profesora de ciencias de tercero de ESO. Y más adelante he explicado que una de las normas del club era, precisamente, su condición de entidad secreta.

El mes de febrero, durante el segundo trimestre de tercero, esta condición quedó invalidada. Y en un periodo de tres semanas, a principios de marzo, ya no sólo lo sabía la *profe* de ciencias, sino que había llegado a oídos de toda la escuela, alumnos, profesores y director. Entonces ocurrió lo inevitable: nuestra automática disolución.

Y el último caso que combatimos coincidió con un

hecho insólito que a la larga se convirtió en un motivo más para abandonar el club. Y es que Sara tenía problemas.

Las primeras en saberlo fueron Mireia y Glòria, pero ellas no nos dijeron nada. Sara había cumplido quince años, y ya no estaba contenta con su cuerpo. Se había cansado de ser como era, y de repente le pesaron más los apodos que he expuesto durante el relato, los "botija", "canica", etc, que los kilos de más que, efectivamente, pesaba. Sara quería ser como las otras, llevar la misma ropa que ellas, los *tops,* los pantalones de lycra, las mallas y las cazadoras tejanas cortitas que llegaban sólo hasta el ombligo. Y por eso dejó de comer.

Ya no se quedaba a comer en la escuela. La primera semana que estuvo enferma sin acudir a clase, nadie hizo caso. Todo empezó después, cuando la internaron por segunda vez en una clínica para anoréxicas.

Mireia y Glòria nos lo contaron.

—Nos parece que empezó con el caso de Borja. Desde entonces no ha vuelto a ser la misma.

—¿Y desde cuando no come? —preguntó Marc.

—Desde antes de Navidad. Vomita todo lo que traga. Su estómago no asimila los alimentos, y a pesar de eso apenas adelgaza. Eso la desorienta y la hunde más aún. Sus padres hablaron con el tutor antes de ingresarla, y no saben si podrá volver al *cole.* Tal vez anularán la matrícula.

Sara no quería que la visitaran en la clínica, decía que ya nos llamaría cuando se encontrara mejor. La última vez que permitió que Glòria y Mireia la visitaran fue a principios de marzo. Luego no las dejó volver más.

Hablamos mucho sobre ese tema en las reuniones del anticlub, y todos nos arrepentíamos de haberle per-

mitido protagonizar el caso del argentino. Pero ya era demasiado tarde para arrepentimientos.

—Cada uno es como es. A ella eso nunca le había importado...

—Pero se está haciendo mayor, y ahora sí que le importa —opinaba Sònia.

—Yo soy minusválido, y lo acepto —dijo Víctor.

—Y yo tengo un ACI, y no me importa —añadió Marc.

Y a Glòria le faltaba una mano, y Rafa era más feo que Picio. ¿Y qué? ¿Por qué demonios Sara había dejado de aceptarse tal como era? Sacaba las mejores notas de la clase, tenía un expediente intachable, tenía una familia que la quería con locura, tenía su grupo de amigos, nuestro club secreto. Pero al parecer eso no le bastaba.

El año 2000 empezaba, pues, con cambios. Rafa llegaba cada día tarde a la escuela, ya que la distancia que tenía que recorrer era muy larga. El tutor avisó a sus padres, y todos pensamos que al año siguiente le cambiarían de centro. Y Sònia iba fatal con los estudios: aunque repetía curso, no aprobaba casi nada.

—Si no paso el curso limpia, seguro que me sacan de aquí.

A pesar de que las perspectivas de futuro no eran nada esperanzadoras, visto desde hoy, pienso que el anticlub tuvo un final bastante digno, precedido de un despliegue de fuegos artificiales.

Y finalmente Marc fue protagonista del proyecto anti definitivo, en el cual nos implicamos más que en los anteriores; el que nos unió más que ninguno, aunque comportó nuestra desaparición.

Todo empezó en el laboratorio. La profesora de ciencias nos explicaba ciertas reacciones químicas y nos mostraba productos para realizar experimentos. Algunas de las substancias eran altamente peligrosas y no se podían usar sin su supervisión. Marc, que normalmente estaba despistado y desconcentrado en clase, descubrió una asignatura que le llamó la atención.

—¿Y tú crees que este líquido es tan peligroso como dice la profesora? —me preguntó una tarde.

Él, Rafa, Jordi y yo compartíamos mesa en el laboratorio.

—Eso parece. Ha dicho que es altamente inflamable. ¿Sabes qué significa eso?

—¿Es como una bomba?

—¡Hombre, tanto como una bomba...! Pero seguro que puede provocar una explosión si entra en contacto con el fuego.

—¡Dios santo...!

Durante unos días, Marc se mostró fascinado ante aquellos productos que llenaban los estantes del laboratorio.

—Ese de allí, el de la botella azul —me preguntaba— ¿también es inflamable?

Yo me levantaba de la silla y me acercaba al estante para leer la etiqueta.

—No, es agua destilada. Sólo agua.

—Ah. ¿Y ese de allí? ¿Esa lata?

—¡Y yo qué sé, Marc! ¡Pregúntaselo a la profesora!

Una mañana, Marc no entró en clase después del recreo. Teníamos lengua catalana, y la profesora le puso falta.

—Marc ha venido al *cole* —dijo Rafa—. He estado con él en el patio.

—¿Y dónde se habrá metido? —se preguntó la profesora.

—No sé. Con Marc nunca se sabe.

La profesora, que ya conocía la manera de actuar de Marc, se limitó a borrar la cruz que había trazado en la lista de asistencia.

Y cuando faltaban cinco minutos para terminar, se disparó la alarma antiincendios de la escuela. Se trataba de un pitido agudo que se disparaba a menudo y sin ningún motivo, por lo cual la profesora hizo una mueca de contrariedad y siguió con el análisis de las oraciones a pesar del silbido persistente.

De repente entró el tutor sin llamar a la puerta.

—La alarma —anunció—. Parece que esta vez va en serio. Saldremos tranquilamente y bajaremos las escaleras sin correr, ¿entendido? ¡No quiero aglomeraciones ni histerias! Tú, Víctor, por el ascensor: hay una profesora esperándote.

Pero incluso la profesora de catalán estaba nerviosa.

—¿Qué pasa, Alberto? ¿Qué significa que esta vez va en serio?

Excitados, corrimos escaleras abajo y salimos al patio. La mayoría de los alumnos de primaria y ESO estaban allí, y por la puerta del patio posterior salían los alumnos de bachillerato y los profesores. Escuchamos la sirena de un coche de bomberos.

—¡Un incendio! ¡Hay un incendio! —gritaba todo el mundo.

Se nos ordenó concentrarnos en un extremo del patio, custodiados por los profesores y las maestras de primaria. Los bomberos habían aparcado en la entrada de la escuela y tiraban de una manguera desde allí hasta el interior del edificio.

—¡Ha sido en el laboratorio! —oí que alguien chillaba.

Desde donde nos encontrábamos, vimos una humareda negra que salía de una de las ventanas del laboratorio.

—¡Sí, sí! ¡Fijaos! ¡Sale humo del laboratorio!

En aquel momento se oyó una segunda sirena. Esta vez se trataba de una ambulancia.

—¿Hay heridos? ¿Se ha muerto alguien quemado?

Dos socorristas entraron corriendo y transportando una camilla. Y tras ellos entraron dos más.

Una profesora de desmayó, y tres o cuatro niñas se pusieron a llorar como unas histéricas.

—¡Mantengamos la calma! —gritaba Eusebio, el *profe* de deporte—. ¡Es fundamental mantener la calma! ¡No pasa nada, todo está bajo control!

—¿Hay muertos?

—¿Hay heridos graves?

Resultó que dos personas habían sufrido síntomas de intoxicación a causa del humo: la mujer de la limpieza y un niño de quinto de primaria que estaba haciendo pis en el lavabo que había al lado del laboratorio cuando se declaró el incendio. La ambulancia se los llevó.

No se sabe quién dio la voz de alarma, pero unos cuantos padres desesperados aparecieron en el patio buscando a sus hijos.

Al cabo de una hora todo parecía controlado. Los bomberos recogían la manguera, los mossos d'esquadra[4] hablaban con el director y todo el mundo se había tranquilizado. Entonces apareció Marc. No sé de dónde salió, pero de repente estaba allí, a mi lado, y me tiraba de la manga de la camisa. Tenía las manos negras, la camiseta sucia de hollín y una herida considerable en el hombro.

—Quítate la camisa y dámela, por favor —me susurró al oído—. ¡Date prisa, no quiero que vean la herida!

Sin tiempo para reaccionar y viendo su expresión desesperada, me quité la camisa y se la di. Se la puso deprisa y corriendo. ¡Por suerte, aquella mañana me había puesto una camiseta chula debajo de la camisa!

—¿Qué te ha pasado, Marc? ¿Dónde estabas? ¿Cómo diablos te has hecho esta herida? ¡Es una quemadura! ¡Debería verte un médico!

—¡No! No pasa nada. No debes decir nada a nadie. Luego te lo contaré todo.

Se abrochó la camisa hasta el cuello y escondió las manos en los bolsillos.

—También tienes la cara llena de hollín...

Le ofrecí un pañuelo para que se limpiara. Fui consciente de que me estaba convirtiendo en cómplice de un pirómano.

—¿Has sido tú?

—No debes decir nada a nadie. Eres mi amigo. Pertenecemos al club —murmuró.

[4] Policía autonómica de Cataluña.

Todo estaba bien claro: Marc, el laboratorio, las sustancias inflamables. La bomba, como él decía. Se había metido en un buen lío.

Aquella tarde no hubo clases. Los que nos quedábamos a comer en la escuela pudimos telefonear a nuestros padres para que nos dieran permiso para irnos, o nos quedamos jugando en el patio hasta las cinco y media. Cuando llegué a casa llamé a Marc.

—¿Te has curado la herida?

—Me he puesto alcohol, pero pica mucho. No hay nadie ahora, estoy solo.

—Marc, esa herida debe curarse. ¡Es una quemadura, y puede infectarse!

—No quiero ir al médico. No quiero que nadie sepa nada.

Llamé a Sònia. Se lo expliqué todo por encima y se alarmó.

—Deberíamos ir a su casa y curarle o llevarle a un médico.

Sònia telefoneó a Jordi, y los tres nos presentamos en casa de Marc al cabo de media hora. Su madre no había llegado aún del trabajo y él lloraba sentado en la cocina, sin camiseta, con el torso desnudo.

Registramos el lavabo y encontramos gasas, alcohol, mercromina, yodo, vendas y esparadrapo. Sònia, muy valiente, limpió la herida lo mejor que pudo mientras Jordi y yo sujetábamos a Marc, que no dejaba de moverse y gritar.

—¡Me duele mucho! ¡Pica demasiado!

—Debería verle un médico. A lo mejor es más grave de lo que parece.

—¡No, no quiero que nadie lo sepa! ¡Es un secreto del club! —repetía Marc llorando a moco tendido.

Entre los tres conseguimos tranquilizarle. La herida ya no le dolía tanto y Sònia había hecho un buen trabajo: una venda larguísima le rodeaba el pecho; parecía un herido de guerra.

—Sólo quería fabricar una bomba...

Jordi tuvo una idea. Fuimos a la cocina, llenamos una paella con aceite, la pusimos al fuego, echamos un par de huevos y a continuación lo tiramos todo por el suelo. Cuando llegó la madre de Marc le dijimos que habíamos intentado freír los huevos y que la cosa había salido tan mal que el pobre Marc se había quemado con el aceite hirviendo.

—¡Criaturas de Dios! ¡Podíais haber provocado un incendio!

Jordi, Sònia y yo nos miramos de reojo sin decir ni pío.

La madre de Marc se lo llevó al médico y nosotros volvimos a casa.

—¿Qué vamos a hacer? Mañana en la escuela todos querrán saber qué ha pasado...

—Le pillarán. Seguro que le pillarán —pensaba Sònia.

—¿Y nosotros? ¿Qué haremos nosotros? Somos cómplices...

Eran las siete y media, demasiado tarde para convocar una reunión del club.

—De momento no diremos nada, ni a los del club ni a nadie —propuso Jordi—. Marc no irá al *cole* mañana. Ya veremos cómo está la situación.

Y estaba fatal. El tutor fue a contarnos lo que había sucedido.

—Según los bomberos y la policía, alguien anduvo merodeando por el laboratorio. A esa hora no había clase, y por tanto nadie tenía el derecho ni la obligación de estar allí. Ahora vendrá el director y hará una charla. No ha pasado nada, todo ha quedado en un susto, pero podía haber sido terrible. Provocar un incendio en una escuela es muy grave. Hubo dos heridos, que ya están repuestos y en sus casas. Repito, un susto, pero sólo de pensar cuales habrían podido ser las consecuencias se me pone la carne de gallina.

El director entró acompañado de la jefa de estudios. Los dos estaban muy afectados e iban de clase en clase para explicar, y si era posible descubrir, cómo y qué había ocurrido.

—Yo tengo una responsabilidad; yo y todo el equipo docente. Y vosotros tenéis otra responsabilidad. Una responsabilidad enorme, especialmente ahora que ya sois mayores y estáis en tercero de ESO. Ayer estuvimos a punto de ser testigos de una desgracia. Y hoy, una vez superado el trance, debemos luchar para que una cosa así no vuelva a ocurrir. Los bomberos han sido tajantes: alguien provocó el incendio. Alguien que jugaba en el laboratorio durante el horario lectivo. Alguien que si no se presenta voluntariamente a declarar su culpabilidad será expulsado de la escuela en cuanto se descubra su identidad. No estoy acusando a nadie —dijo el director mirándonos fijamente—, pero quiero un responsable. Hemos revisado las listas de asistencia y sabemos que estabais todos en clase cuando se produjo el incidente...

Se me cortó la respiración, e hice todo lo posible para que nadie se diera cuenta. Marc no estaba en aquel momento, pero la profesora, gracias a la intervención oportuna de Rafa, no le había puesto falta.

—... Y os pido que si sabéis algo, si podéis aportar algún dato significativo que nos permita aclarar el misterio, colaboréis: os quedaré profundamente agradecido.

Al parecer, nadie se acordó de la ausencia de Marc y nadie hizo ningún comentario. Sònia estaba blanca como la cera y Jordi se aguantaba la frente con la mano.

—Ahora reiniciamos las clases —dijo el director para terminar.

Pero aquella mañana sólo se hablaba del incendio. Todo había empezado con una pequeña explosión, según explicaba uno de cuarto de ESO, que era la clase que se encontraba más cerca del laboratorio; una explosión debida, al parecer, al estallido de un encendedor. Alguien quiso pegar fuego a una sustancia química inflamable y quemó el encendedor de plástico. A continuación el líquido prendido se derramó encima de una mesa y etcétera, etcétera. Las versiones eran todas parecidas y la pregunta siempre la misma: ¿había sido realmente intencionado? ¿Alguien se había propuesto pegar fuego a la escuela?

Sònia, Jordi y yo escuchábamos a los compañeros sin intervenir ni hacer preguntas. En un momento dado se me acercó Rafa, con quien normalmente compartíamos mesa en el laboratorio Marc y yo.

—Ayer Marc no vino a clase de catalán ¿lo recuerdas? La profesora le iba a poner falta.

No dije nada.

—¿Te parece que Marc, con su manía de las bombas, pudo entrar en el laboratorio? Por cierto, que hoy no ha venido. ¿Qué le habrá pasado?

Fui a hablar con Jordi y le comenté las preguntas y observaciones que había hecho Rafa.

—Será mejor que se lo digamos antes de que se vaya de la lengua.

Rafa se quedó de piedra.

—¿Y ahora qué vamos a hacer?

Cuatro miembros del anticlub ya lo sabíamos, y los otros tres todavía no. Desde hacía casi tres años habíamos compartido un montón de experiencias y habíamos actuado siempre conjuntamente y de forma solidaria. Decidimos, pues, compartir con ellos aquel desagradable episodio.

—¡Eso sí que es *heavy!* —exclamó Víctor, mientras Glòria y Mireia se miraban sin poder decir palabra.

Nos reunimos aquella misma tarde en casa de Marc.

—Pero ¿tú eres consciente de lo que has hecho? ¿Te das cuenta de que habrías podido incendiar la escuela? —le amonestó Glòria.

—Yo no quería hacerlo. Tuve mala suerte.

—¿Mala suerte? ¿A eso le llamas tú mala suerte? ¡Esta vez no te salvará ni el ACI!

De nada servía lamentarnos. Lo hecho, hecho estaba, y había que encontrar una solución.

—Me parece que no se trata de una solución, sino de una actitud —dijo Jordi.

Todos le observamos desconcertados, sin saber qué había querido decir.

—Me refiero a que no hay solución. Tenemos que valorar una actuación. O sea: ¿cuál será nuestra postura? ¿Tenemos que proteger a Marc o tenemos que denunciarle?

—¡No, por favor! ¡No quiero ir a la cárcel! —gritaba el herido.

—No se trata de ir a la cárcel, Marc, sino de asumir tu culpabilidad. Tú eres el responsable de la explosión. Eres libre de confesar o no lo que has hecho, otra cosa es que te pillen. Pero los socios, o sea, nosotros, ¿qué debemos hacer? ¿Debemos ayudar a Marc, sea cual sea la opción que él elija?

—Todos sabemos cuál es la opción que elegirá Marc —dijo Víctor.

Marc no entendía lo que hablábamos.

—Yo no quiero ir a la cárcel —repetía, llorando.

—Creo que entiendo lo que quieres decir —le dije a Jordi—. La cuestión es si debemos culpabilizarnos todos de lo sucedido. ¿Es eso?

—Más o menos —afirmó Jordi.

Nadie abría la boca. Todos mirábamos al suelo y oíamos llorar a Marc.

—El director lo ha dicho bien claro. Yo creo que lo expulsarán del *cole* —opinaba Mireia.

—Tal vez sí. Aunque a lo mejor lo salva el ACI.

Pensé que tal vez Sara encontraría una salida al conflicto.

—Y si el culpable fuera el anticlub, ¿qué pasaría? —preguntó Víctor.

—El anticlub no existe. Ésa es nuestra salvación. Hasta ahora nadie sabe que existimos. Tampoco es necesario que lo sepa nadie a partir de ahora. ¡Eso es lo que quería decir! —exclamó Jordi.

—Se trata de proteger a Marc. Callarnos, no contar nada de lo que sabemos. Es eso, ¿no? —le preguntó Rafa.

—Sí, eso es —contestó él—. Como si fuera una nueva misión del club.

No parecía tan difícil. Nunca nos habíamos imaginado que deberíamos cumplir a rajatabla las reglas de oro del anticlub, una de las cuales se refería precisamente a eso que nos disponíamos a hacer: no traicionarnos, no delatar a los compañeros, no confesar la verdad.

Pero a la mañana siguiente, a primera hora, en clase de ciencias, entró el director.

—El laboratorio no se halla en condiciones todavía; estamos trabajando en ello con la ayuda de unos especialistas. Vengo a contaros que entre los restos del material quemado se ha encontrado una carpeta. Está prácticamente carbonizada, seguro que estaba sobre la mesa donde se produjo el accidente. Sólo ha quedado intacta la parte inferior de la cubierta. Y sólo se pueden leer dos cosas: un número y una palabra.

Todo el mundo estaba pendiente de escuchar aquel número y aquella palabra.

—"3" y "ESO" —anunció el director—, que significa, evidentemente, tercero de ESO. Vuestra clase.

Se produjo un silencio total mientras el director nos miraba fijamente.

—He hablado con la profesora aquí presente, que es la encargada del laboratorio, y me ha dicho que sería mucha casualidad que uno de vosotros olvidara la carpeta en el laboratorio el último día que hicisteis clase allí. Quiero decir que no es normal, digámoslo entre comillas, que las carpetas se olviden en el laboratorio. Todo ello significa que, presumiblemente, la persona que entró en el laboratorio anteayer al mediodía y provocó el caos, que por suerte no acabó en tragedia, era uno de vosotros. Un alumno de tercero de ESO.

Silencio. Miradas. Alzamiento de hombros. Rafa, que se sentaba en la última fila, nos dijo después que cualquier investigador se habría dado cuenta de que allí pasaba algo raro: todos los socios del anticlub volvimos los ojos hacia la ventana cuando el director terminó de hablar. Todos sin excepción.

—Hemos revisado la lista de asistencia: al parecer, ayer

estabais todos en clase cuando sucedió lo que sucedió. Yo sólo os pido colaboración, solidaridad con la comunidad educativa que somos todos, vosotros, nosotros, vuestros compañeros, del más pequeño al mayor. Os pido que me digáis de quién era la carpeta que se ha encontrado en el laboratorio, quién la dejó allí y por qué. Y, con sinceridad, si el hecho de que la carpeta estuviera allí tiene algo que ver con lo que pasó a continuación.

Marc no estaba en clase. Había pedido permiso a su madre para quedarse en casa, alegando que aún no se había repuesto del susto en la cocina con la paella del aceite.

—Tampoco os pido que traicionéis a nadie. No se trata de ser chivatos, sino de comportarse de manera consciente, adulta y responsable, y ayudar, que me parece que es vuestra obligación, a que la escuela funcione correctamente. Quien ha provocado un fallo en el funcionamiento de nuestra comunidad tiene que ser capaz de admitirlo, excusarse y pedir perdón. Ésta es una norma básica para la convivencia.

Nadie decía ni mu. El director nos miraba y paseaba entre las mesas.

—No quiero alargar esta charla. Ya he dicho todo lo que tenía que decir, y ahora os toca a vosotros hacer examen de conciencia y decidir. Estaré en mi despacho para recibir a la persona o personas que quieran hablar en privado conmigo. Todos los problemas tienen solución, y me considero una persona justa. Buenos días, chicos —dijo al despedirse.

A la profesora de ciencias le costó mantener el orden en la clase, ya que cuando el director se fue, el silencio que hasta entonces había reinado se transformó en un autentico barullo.

—¿De nuestra clase? ¿Cómo se atreve a decir que fue uno de nosotros?

—¡No tiene razón! ¡Nosotros estabamos aquí!

—¡Somos la clase que le cae peor, y por eso nos amenaza...!

La profesora estaba dispuesta a no dar clase y hablar, si conseguíamos hacerlo en orden, para tratar un tema tan delicado como el que el director acababa de exponer. Y justo en ese momento, cuando Jenifer Losantos había pedido la palabra, Marc entró en el aula.

—¿De dónde sales tú a estas horas? —le preguntó la profesora.

—Es que me he dormido —se excusó él.

Llevaba una camisa de manga larga que disimulaba la venda que le cubría el hombro. Pero nosotros, que lo sabíamos, nos fijamos en las pequeñas heridas de las manos.

Y cuando Marc estaba a punto de sentarse, Santi Vilà se puso de pie y le señaló con el dedo.

—¡Marc no estuvo en clase de catalán! ¡La profesora le iba a poner falta!

Tres compañeros más lo confirmaron: Marc no estaba en clase cuando se quemó el laboratorio.

—Déjame ver tu carpeta, Marc —le pidió la profesora.

—Me la he olvidado en casa —contestó él, cabizbajo.

De repente creció el barullo: muchos compañeros se habían incorporado para acusar a Marc. La profesora ordenó a Borja que bajara a secretaría y preguntara si podía subir algún profesor de guardia.

—¡Y los demás nos vamos a callar! —chilló—. ¡No quiero oír ni una palabra!

Los del club contemplábamos la imagen patética de Marc abatido en su silla. Estaba a punto de ponerse a llorar, y se frotaba las manos como un desesperado de la vida.

—No podemos consentir que se hunda —me dijo Jordi, que estaba sentado a mi lado.

Borja regresó acompañado del tutor, que precisamente era quien estaba de guardia. La profesora y el tutor mantuvieron un diálogo sin alzar la voz.

—Nosotros vamos a hacer clase de *mates* —anunció el tutor— mientras la profesora y Marc conversan en privado en la sala de profesores.

Jordi se puso en pie.

—¿Por qué Marc? ¿Qué queréis de él?

Nadie esperaba esa intervención, y menos esa pregunta.

—Siéntate Jordi —le ordenó la profesora.

—No. Quiero saber por qué Marc tiene que hablar en privado con vosotros. No lo entiendo.

Los compañeros y los profesores se quedaron atónitos.

—Siéntate Jordi —repitió la de ciencias.

Pero él no la obedeció.

—¿Por qué Marc? A mí me parece que la cuestión debería plantearse de otro modo.

—¿Qué quieres decir, Jordi? No te entendemos —se excusó el tutor.

—Quiero saber si la profesora quiere hablar con Marc acerca del accidente en el laboratorio.

Marc estaba llorando y los compañeros le observaban. La situación era muy tensa. Y los del club estábamos dispuestos a sacrificarnos.

—Lo digo porque, si así fuera, tal vez debería hablar con más gente, no sólo con Marc —aclaró Jordi.

El tutor y la *profe* de ciencias se miraron de reojo y asintieron con un golpe de barbilla.

—Está bien. Así lo haremos. Quien tenga algo que decir acerca del incidente del laboratorio, que acompañe a Teresa a la sala de profesores. ¿Te parece bien así la pregunta, Jordi?

Jordi asintió con la cabeza y fue el primero en abandonar su mesa y dirigirse hacia la puerta. Yo le imité: me puse en pie y le seguí.

—Vamos, Marc —le dije cuando pasé por su lado.

Marc, sin dejar de llorar, se incorporó y me siguió. Detrás de nosotros fueron Glòria, Mireia y Rafa; después, Sònia, que estaba a punto de echarse a llorar, y finalmente Víctor en su silla de ruedas.

Los compañeros estaban alucinados. El tutor y la profesora volvieron a mirarse. Ella se acercó hasta nosotros, al lado de la puerta.

—¿Todos? —preguntó.

—Todos —confirmó Jordi.

2005

Cuando termine de escribir estas páginas las enviaré por correo electrónico a las direcciones que me dieron los antiguos socios del anticlub. Estoy evaluando la idea de dar al texto otra finalidad, como por ejemplo presentarlo a un concurso literario, o incluso transformarlo en una especie de reportaje y entregarlo como trabajo de final de trimestre en la facultad. El mes pasado cumplí veinte años y estudio periodismo en la Universitat Autònoma de Barcelona.

Precisamente el día de mi cumpleaños recibí la llamada de Rafa. Vive en Girona y también estudia en la universidad. Hacía tiempo que no sabíamos nada el uno del otro. Cuando se fue de la escuela, al acabar tercero de ESO, nos escribimos durante una temporada, pero desde entonces no nos habíamos vuelto a ver. Por teléfono me felicitó, me preguntó cómo me iban las cosas y me dio una gran sorpresa: el verano pasado, en unas jornadas de filosofía organizadas por la universidad de verano, había coincidido con Glòria.

—¡Cómo ha cambiado, tío! ¡No parece la misma de antes!

Me imagino que todos hemos cambiado mucho. De vez en cuando salgo con Jordi. Los dos, junto con Mireia y Víctor, terminamos el bachillerato en la escuela de siempre, la escuela del anticlub. Nuestra relación no fue la misma tras la disolución del club: volvimos a ser lo que habíamos sido antes de su formación, simples compañeros de aula.

Glòria, que a causa de los habituales cambios de destino de su padre se había ido a hacer el bachillerato en otra ciudad, tenía noticias de Sara, y se lo contó a Rafa en verano.

—Le costó superar aquello de la anorexia, pero sobrevivió. Dejó los estudios. Imagínate, tío, con el coco que tenía Sara...

Glòria había dado su número de móvil a Rafa.

—¿Te parece que es demasiado tarde para convocar una reunión extraordinaria como las de antes? —me preguntó Rafa—. Hace un montón de años que no estamos juntos...

No supe qué contestarle. Tal vez no era buena idea volvernos a encontrar después de tanto tiempo.

—No me digas que no te pica la curiosidad...

—Sí, la verdad es que sí. Pero ahora todos tenemos nuestra vida, nuestros amigos, nuestras ocupaciones...

—¡Pero, tío, no debemos olvidar la importancia que tuvo el club en aquellos años! Yo me acuerdo a menudo.

Y yo también. Cuanto más difícil se hace la vida de adulto y más complicaciones hallo en el camino, más imagino la aparición de un anticlub salvador. Pero sé que es un espejismo, igual que lo era entonces, mientras existía. El grupo protector, la entidad justa e implacable que habíamos inventado... Seguro que se trataba de una fantasía, un refugio que sólo veíamos nosotros.

Rafa lo decidió por mí: él hablaría con Glòria y le pediría que se pusiera en contacto con Sara. Yo debería encargarme de telefonear a Jordi y a Mireia, y entre todos trataríamos de localizar a Sònia, Víctor y Marc.

—Nos llamamos dentro de un par de días para ver si las gestiones han dado su fruto.

Mi cumpleaños fue un miércoles. El sábado siguiente llamó Rafa de nuevo: Glòria y Sara ya estaban al tanto. Tenían ganas de vernos y Sara, curiosamente, tenía el teléfono de Sònia, que vivía fuera de Cataluña y por eso era difícil que pudiera asistir al encuentro. Yo, por mi parte, había contactado con Jordi y Mireia. También había ido a la vieja escuela para preguntar si tenían idea de dónde podían estar Marc y Víctor. La jefa de estudios y la secretaria, que era la misma de entonces, me ayudaron a buscar en los archivos. Dar con Víctor fue sencillo, pero con Marc hubo muchas complicaciones: hasta el mismo día del encuentro no pude hablar con él. Menos mal que se encontraba en Barcelona, y me prometió que intentaría llegar a tiempo.

Quedamos en el Port Vell, en la terraza de un bar que da al paseo. Rafa y yo nos encontramos media hora antes en la salida del metro Barceloneta para acudir juntos a la cita y ponernos al día sobre nuestras vidas respectivas. Está muy cambiado y lo que más sorprende es su nuevo aspecto: ha dejado de ser el patito feo del *cole* y se ha transformado igual que hace un gusano de seda cuando se convierte en mariposa tras romper el hilo del capullo. Ya no tiene granos. Se operó los ojos y ahora ve perfectamente sin gafas ni lentes de contacto. Lleva el pelo largo, y la melena le da un aire *progre* que antes no tenía. Enseguida me anunció aquello que yo había intuido tras su llamada: se había enrollado con Glòria y son pareja. ¡Quién lo habría pensado! ¡Rafa y Glòria!

Caminamos conversando hasta la terraza. Nos contamos la nueva vida, los estudios; charlamos sobre el hecho de vivir solos. Nos acordamos a menudo de los años que pasamos juntos en el cole. Pero, curiosamente, ninguno de los dos querría regresar a esos tiempos.

—Tal vez más adelante vuelves a tener ganas de ser un niño, pero no ahora. ¡No cambiaría los veinte años por nada del mundo!

Mireia esperaba sentada en una mesa. Nos abrazamos y ella no pudo evitar maravillarse por el cambio radical en el aspecto de Rafa.

—¡Estás... estás... no sé... tan diferente! —exclamó.

—Supongo que para bien...

—¡Pues claro! ¡Tienes que reconocer que eras más feo que Picio, tío!

Llegaron Jordi y Víctor. Ellos no habían cambiado nada.

—Bueno, ya veis, la silla es ultramoderna, ¡Fijaos!

Víctor también se había dejado el pelo largo y lo llevaba atado en una coleta.

Nos sentamos y empezamos a hablar por los codos. Los demás tardaron un buen rato en llegar. Glòria y Sara llegaron juntas. ¡Vaya cambios! Sara seguía siendo bajita, pero estaba mucho más delgada que antes. ¡Vestía como una *hippie* del siglo pasado!

—¡Con esta ropa me siento muy cómoda, y además vuelve a estar de moda!

Fumaba un cigarrillo tras otro, y se la veía mucho más desinhibida. Glòria besó a Rafa en los labios antes de ocupar su silla.

—¡No me puedo creer que vosotros...! —exclamó, admirada, Mireia.

—Pues sí. ¡Somos la segunda parejita del anticlub!

—Ahora sois la única —puntualizó Jordi—. Hace un montón de años que Sònia y yo lo dejamos.

La relación por *mail* que habían mantenido cuando ella abandonó la escuela, antes de empezar cuarto de ESO, no había prosperado, y antes de un año cada uno tenía nueva pareja.

—¿Y mantienes aún la nueva? —le preguntó Sara.

—¡Qué va! ¿No os habéis enterado todavía de que Jordi está hecho un rompecorazones? —dijo Mireia.

Y cuando nadie la esperaba apareció Sònia. Había decidido acudir y acababa de llegar en tren. Todos nos incorporamos para abrazarla y besarla.

—Agradecería que alguno de vosotros me invitara a quedarme a dormir en su casa. Si no, tendré que llamar a mi tía, cosa que no me apetece en absoluto.

Las ofertas de admisión le llovieron de todos lados.

Con las cervezas sobre la mesa y después de haber charlado durante tres horas del hoy y del ayer, surgió la idea de escribir las memorias del club. Enseguida me ofrecí para redactarlas, y las primeras páginas las improvisé allí mismo, en unos folios que Rafa llevaba en la mochila. Nuestros inicios, cuando nos conocimos, los primeros casos del club. A media redacción llegó Marc, en moto, y lo saludamos cariñosamente. ¡Al final estábamos todos! Marc había crecido un montón y se había convertido en el más alto del grupo. Trabajaba en la fábrica de su tío, y presumía de músculos, que se le marcaban, perfectos, bajo la camiseta ajustada.

—¡Estas hecho un cachas, tío!

—¡Bah, hago lo que puedo!

Todo el mundo me pidió una copia del escrito que prometí terminar en casa. En aquel momento me pareció que todos deseaban estar en mi lugar para rememorar los casos del anticlub y hacerlos reales e históricos sobre el papel. Pero era tarde. Habían pasado las horas y todos teníamos cosas que hacer.

—Ha sido una reunión extraordinariamente agradable, ¿no os parece? ¡Y de ésta va a quedar un testimonio!

Pagamos los dos euros treinta que costaba cada cerveza.

—¡Un momento! —dijo Sara—. Como antigua tesorera del anticlub os hago saber que quedó una cantidad en metálico del fondo común de socios. Hace días encontré las monedas en una caja de recuerdos. Todavía eran pesetas entonces, y decidí convertirlas a euros

para financiar una parte de las cervezas que nos hemos tomado hoy. ¿Qué os parece?

Todos celebramos la buena idea de la ex presidenta y brindamos a su salud.

Nos despedimos sin remordimientos. En realidad, después de estar hablando toda la tarde, comprendimos que éramos personas distintas y que la única cosa que nos unía era haber compartido el periodo de tránsito entre la infancia y la adolescencia; un camino que todos debemos atravesar una vez en la vida y para el cual nosotros disfrutamos del grupo y del anticlub, que lo hicieron mucho más tolerable.

He escrito las memorias del club y aquí, en este párrafo, voy a poner el punto y final. Me siento orgulloso de haberlos conocido y de haber participado, a su lado, en las páginas de esta historia.

Àngel Burgas

Àngel Burgas nació en Figueres (Alt Empordà) en 1965. Estudió la carrera de Bellas Artes en Barcelona y amplió sus estudios en Berlín (Alemania). Ha publicado relatos para adultos (*Show*, Proa, Barcelona 1999 y *Adéu*, premio Mercè Rodoreda 2001, Proa, Barcelona 2002) y para jóvenes (*Petites històries del globus*, Casal, Barcelona 2001). Vive en Barcelona, donde imparte clases de Educación Visual y Plástica en ESO y Bachillerato.

EL VERANO DE LOS CISNES

Betsy Byars
Grumete número 9
160 páginas

Sara vive, confusa, la inestabilidad e insatisfacción de sus catorce años. Le resulta difícil aceptarse a sí misma. a su familia, a sus companyeros. Durante unas vacaciones, su hermano Charlie, disminuido psíquico, se pierde en el bosque, completamente hechizado por la belleza de unos cisnes. Durante la búsqueda del hermano perdido, Sara se sentirà cambiar interiormente.

EL JUGADOR DE FRONTÓN

Aro Sáinz de la Maza
Grumete número 56
160 páginas

Una noche al comienzo del verano, un niño de doce años llega a una aldea donde conocerá a su abuelo, un gigante de dos metros que arrastra fama de hombre terrible, y con el que no tendrá más remedio que convivir. A partir de ese instante, descubrirá la amistad, la importancia de los sentimientos, y se verá envuelto en un sinfín de aventuras. Un partido de frontón será trascendental para fortalecer su confianza.

DIEGO, BERTA Y LA MÁQUINA DE RIZAR NIEBLA

Emili Teixidor
Grumete número 55
136 páginas

Diego ama rabiosamente a su pueblo. A él y a sus amigos les horroriza pensar que puede desaparecer bajo las aguas de una presa.
Todos ellos están dispuestos a defenderlo. Nunca Visto les hará entender que es necesario avanzar con el progreso, pero eso sí, conservando lo que es más importante de un pueblo: sus habitantes.